गुलामगिरी

गुलामगिरी

जोतीराव गोविन्दराव फुले

अनुवादक/सम्पादक

डॉ. विमलकीर्ति

वाणी प्रकाशन

प्रकाशन के उत्कृष्टतम 61 वर्ष

vaniprakashan.com

पेपरबैक पहला संस्करण : 2017
पेपरबैक दूसरा संस्करण : 2018
पेपरबैक तीसरा संस्करण : 2019
पेपरबैक चौथा संस्करण : 2021
पेपरबैक पाँचवाँ संस्करण : 2022
पेपरबैक छठा संस्करण : 2023
पेपरबैक सातवाँ संस्करण : 2024

वाणी प्रकाशन

4695, 21-ए, दरियागंज, नयी दिल्ली-110 002

फ़ोन : +91 11 23273167, 23275710

शाखाएँ

अशोक राजपथ, पटना-800 004, बिहार
कॉफ़ी हाउस कैम्पस, महात्मा गांधी मार्ग, प्रयागराज-211 001, उत्तर प्रदेश
महात्मा गांधी अन्तरराष्ट्रीय हिन्दी विश्वविद्यालय, वर्धा-442 001, महाराष्ट्र
36/ए, शेक्सपियर सरणी, रानी बिरला गर्ल्स कॉलेज के पास, कोलकाता-700 017, प. बंगाल
sales@vaniprakashan.in
vaniprakashan@gmail.com

Gulamgiri
by Joteerao Govindrao Phule
Translated/Edited by Dr. Vimalkirti

ISBN : 978-93-5229-641-5
Criticism/Dalit Literature

मूल्य : ₹ 299

आर. टेक ऑफ़सेट प्रिंटर्स, दिल्ली-110 032 में मुद्रित

वाणी प्रकाशन का लोगो मक़बूल फ़िदा हुसेन की कूची से

सामाजिक न्याय के लिए
और
मंडल आयोग को लागू करके
जिन्होंने अपनी सत्ता को
दाँव पर लगा दिया
और जिन्होंने
मुर्दा कौम में
जान डालने का प्रयास किया
वे महानायक
विश्वनाथ प्रताप सिंह
तथा
इस आन्दोलन को आगे बढ़ाने में
जिन-जिन लोगों का योगदान रहा
उन संघर्षशील सभी साथियों को
समर्पित।

—विमलकीर्ति

यह संस्करण

महामानव ज्योतिबा फुले का सम्पूर्ण साहित्य आधुनिक भारतीय समाज में सामाजिक, सांस्कृतिक, धार्मिक क्रान्ति की दृष्टि से, सामाजिक, वैचारिक, धार्मिक परिवर्तन की दृष्टि से बहुत ही महत्त्वपूर्ण है, इस बात को सभी मानववादी, समाजवादी, समतावादी, सामाजिक न्यायवादी, लोकतन्त्रवादी और धर्मनिरपेक्षतावादी विचारक स्वीकार करते हैं। ज्योतिबा फुले का साहित्य और विचार आज भी प्रासंगिक है। ज्योतिबा फुले का मूल साहित्य वास्तव में मराठी में है। लेकिन पिछले कुछ दशकों से वह हिन्दी में भी उपलब्ध है और हिन्दी जगत में उसकी काफी प्रशंसा भी हुई है।

ज्योतिबा फुले के सम्पूर्ण साहित्य में एक बहुत ही महत्त्वपूर्ण ग्रन्थ है 'गुलामगिरी'। यह ग्रन्थ 1873 में प्रकाशित हुआ था। मतलब यह ग्रन्थ ज्योतिबा फुले ने आज से 143 साल पहले लिखा था और प्रकाशित किया था। उस समय यूरोपियन देशों में काले लोगों की गुलामी का प्रश्न भयंकर स्वरूप में था और काले लोगों की गुलामी के विरोध में संघर्ष भी जोरों पर था। जिस प्रकार यूरोपियन देशों में काले वर्ण के लोगों को गुलाम बनाकर रखने की प्रथा थी उसी समय भारत जैसे सनातन देश में भी गुलामी की प्रथा किस स्वरूप में थी। इस बात को ज्योतिबा फुले ने अपने इस 'गुलामगिरी' ग्रन्थ में स्पष्ट रूप में रखा है। भारत में प्राचीन काल से गुलामी की प्रथा का स्वरूप किस प्रकार का रहा है, इस बात को समझने के लिए ज्योतिबा फुले का यह ग्रन्थ बहुत ही महत्त्वपूर्ण है।

'गुलामगिरी' के कई हिन्दी संस्करण प्रकाशित हुए हैं, फिर भी इस ग्रन्थ को पढ़ने वालों की संख्या में कमी नहीं आयी है। वाणी प्रकाशन ने इस ग्रन्थ को प्रकाशित कर बड़ा महत्त्वपूर्ण कार्य किया है। वाणी प्रकाशन हमेशा ही उदारवादी विचारों का समर्थक रहा है।

धन्यवाद।

18 जुलाई, 2016
अन्नाभाऊ साठे स्मृतिदिवस

–डॉ. विमल कीर्ति

निवेदन

(प्रथम संस्करण से)

महात्मा जोतीराव फुले के दर्शन तथा चिन्तन से आधुनिक भारतीय समाज में क्रान्तिकारी सामाजिक परिवर्तन लाया जा सकता है, इस तरह की मान्यता रखने वाले कई सामाजिक कार्यकर्त्ता, विद्वान, समाजशास्त्री और राजनीतिज्ञ हैं। इसलिए पहले कभी इतना अध्ययन नहीं हुआ जो आज महात्मा फुले के विचारों तथा दर्शन के बारे में हो रहा है। आज उनके विचारों की आवश्यकता सारे देश के लिए है। क्योंकि भारत जैसे परम्परावादी, जातिवादी, धर्मान्ध और ब्राह्मण-पण्डा-पुरोहित तथा बनिया-भांडवलदारों के वर्चस्व में दबे हुए देश में सामाजिक-सांस्कृतिक क्रान्ति के बगैर हम न तो यहाँ सही ढंग से लोकतन्त्र, समाजवाद और धर्मनिरपेक्षतावादी समाज तथा शासन की स्थापना कर सकते हैं और न तो लोकतन्त्रवादी, समाजवादी, धर्मनिरपेक्षतावादी मूल्यों की स्थापना कर सकते हैं।

लेकिन सवाल यह आता है कि यहाँ सामाजिक-सांस्कृतिक क्रान्ति का आधार दर्शन-चिन्तन क्या होना चाहिए? इस सवाल का जवाब हमारे यहाँ केवल फुले-अम्बेडकरवाद के पास है। यहाँ केवल आर्थिक परिवर्तन से न तो समाज परिवर्तन होगा और न तो सत्ता परिवर्तन। महात्मा फुले इस देश में दोनों चाहते थे। समाज परिर्वतन और सत्ता परिवर्तन भी। इस दृष्टि से यदि हम इस किताब की ओर देखें तो यह 'गुलामगिरी' किताब दुनिया की क्रान्तिकारी किताबों में से एक नहीं बल्कि सर्वश्रेष्ठ और मौलिक है। इस 'गुलामगिरी' किताब में उन्होंने भारतीय समाज का जो स्वरूप रखा है, और जो विश्लेषण दिया है उसको कोई नकार नहीं सकता, फिर कोई उसका समर्थक, अनुयायी हो या न हो। उन्होंने इस किताब में जो कुछ लिखा है सही है। इसलिए उनकी आलोचना करने वाले समकालीन नेता, लेखक, पत्रकर्ता का आज कोई नाम लेवा भी नहीं रहा है लेकिन महात्मा फुले के विचार तो दिन ब दिन धर्म, जाति, पन्थ, भाषा, प्रान्त, लिंग की सीमाओं को पार करके फैल रहे हैं।

म. फुले का दर्शन सत्ता, सम्पत्ति और पद प्राप्ति का नहीं है। वह तो सामाजिक क्रान्ति का दर्शन है, व्यवस्था परिवर्तन का दर्शन है। इसीलिए व्यवस्थावादी, यथास्थितिवादी, जातिवादी, धर्मान्धतावादी, ब्राह्मण-बनियावादी लोगों को म. फुले कभी अच्छे नहीं लगे। लेकिन आज हमारा म. फुले के विचारों के बगैर गुजारा नहीं है।

आज जहाँ मण्डल आयोग के समर्थन और विरोध की लड़ाई हो रही है, उस समय इस किताब की प्रासंगिकता और भी है। और इसीलिए मैंने इस किताब के हिन्दी अनुवाद को हिन्दी पाठकों के सामने रखा है। इस किताब को पाठकों तक पहुँचाने में जिनकी विशेष मदद हुई वे हैं मोहन कोठेकर, अशोक भारती (दिल्ली), विमलसूर्य चिमनकर, नितिन चौधरी, और पुष्पा विमलकीर्ति तथा मेरी लड़कियाँ कुमारी नोरा, कुमारी रोझा और कुमारी जागृति, ये सभी अपने हैं।

16 अगस्त, 1991

—विमलकीर्ति

प्रस्तावना
(प्रथम संस्करण से)

उन्नीसवीं सदी विश्व इतिहास में महान लोगों, आन्दोलनों और परिवर्तनों की जननी के रूप में पहचानी जाती है। भारत में भी इस दौरान अनेक ऐसे आन्दोलनों और महान व्यक्तियों ने जन्म लिया जिन्होंने विदेशी सत्ता, जड़वत सामाजिक-आर्थिक व्यवस्था और प्रतिक्रियावादी ढाँचे को चुनौती दी। महात्मा ज्योतिराव गोविन्दराव फुले ऐसे ही महापुरुष थे जिन्होंने उन्नीसवीं सदी में जातिगत शोषण, उत्पीड़न और अत्याचार पर टिके समाज को निर्णायक चुनौती दी। पिछले साल ही 28 नवम्बर को हमने उनकी सौवीं पुण्यतिथि मनाई थी।

उन्नीसवीं सदी के भारतीय समाज को जाने बिना हम महात्मा ज्योतिराव फुले की इस पुस्तक 'गुलामगिरी' का महत्त्व नहीं समझ पाएँगे। उन्नीसवीं सदी का भारतीय समाज एक ऐसा समाज था जो छुआछूत, जन्माधारित विशेषाधिकारों पर टिका था। तथाकथित ऊँची जाति के लोगों के पास ही सारे हक थे जबकि समाज का 75 फीसदी से भी अधिक तबका जिन्हें आज की परिभाषा में हम पिछड़े या ओबीसी और अनुसूचित जातियाँ कहते हैं, शूद्र और अछूत थे। वह लिखने-पढ़ने, कमाने, दुकान लगाने यहाँ तक कि सड़कों पर सम्मान से चलने के हक से भी वंचित थे। ज्योतिबा ने स्वयं अपनी स्थिति बयान करते हुए बताया है कि एक बार जब वह अपने ब्राह्मण मित्र की बारात में शामिल थे तो उन्हें पहचान लिए जाने पर पूरी बारात ने उनकी जमकर पिटाई की थी। उनका अपराध था कि वह माली जाति के थे, और वह ब्राह्माण की बारात में चले गये थे।

ऐसे में समाज को बदलना आज के मुकाबले कहीं ज्यादा कठिन था। ज्योतिबा के समय में जाति प्रथा और धर्म की व्यवस्था के खिलाफ बोलना मौत को दावत देने से कम न था। ऐसे समय में जबकि सेना पर टिकी विदेशी सरकार सामाजिक व्यवस्था में परिवर्तन लाने में डरती थी, शूद्रों और अछूतों के सर्वांगीण विकास की तो छोड़िए वह उन्हें शिक्षा देने से भी डरती थी। ज्योतिबा फुले द्वारा सामाजिक क्रान्ति की शुरुआत सामाजिक न्याय व सामाजिक समता के संघर्ष के लिए प्रेरणादायी है। 'गुलामगिरी' ज्योतिबा फुले का ही नहीं हमारा भी घोषणा-पत्र है।

मूलतः 1872 में प्रकाशित ज्योतिबा फुले की पुस्तक 'गुलामगिरी' तात्कालिक सामाजिक व्यवस्था के खिलाफ शूद्रों और अछूतों का घोषणा-पत्र था। जिस तरह कार्ल मार्क्स ने 1848 में पश्चिमी यूरोप के औद्योगिक समाज के सबसे ज्यादा शोषित और उत्पीड़ित समाज के अधिकारों को रेखांकित करते हुए 'कम्यूनिस्ट घोषणा-पत्र' निकाला था, उसी तरह 'ज्योतिबा' ने 'गुलामगिरी' प्रकाशित कर भारत के सबसे अधिक शोषित एवं उत्पीड़ित तबके अछूतों एवं शूद्रों के अधिकारों की घोषणा की।

पुस्तक की प्रस्तावना में उन्होंने लिखा "सैकड़ों साल से आज तक शूद्र-अतिशूद्र, पिछड़े, अछूत समाज जब से इस देश में ब्राह्मणों की सत्ता कायम हुई तब से लगातार जुल्म और शोषण के शिकार हैं। ....यह लोग अपने आपको ब्राह्मण-पण्डा-पुरोहित की जुल्म ज्यादतियों से कैसे मुक्त कर सकते हैं, यही आज हमारे लिए सबसे महत्त्वपूर्ण सवाल है।" यह ही इस ग्रन्थ का उद्देश्य है। मेरी राय में आज हम लोग जो सामाजिक न्याय और सामाजिक समता और मण्डल आयोग को लागू करने की लड़ाई लड़ रहे हैं, उनके लिए भी महत्त्वपूर्ण सवाल यह है कि जाति पर टिके इस समाज में तमाम सामाजिक, आर्थिक साधन और संसाधन कुछेक जातियों द्वारा कब्जाए हुए हैं, दलितों और पिछड़े वर्ग तक कैसे पहुँचाए जाएँ?

16 परिच्छेदों में बँटी इस पुस्तक के प्रत्येक परिच्छेद में 'ज्योतिबा' ने अपनी अनोखी शैली बातचीत या कहें विचार विमर्श शैली में अलग-अलग मुद्दों को उठाया है। लेकिन वह इन मुद्दों को एक-दूसरे से अलग नहीं मानते। 'गुलामगिरी' की 'शुरुआत' वह दलितों और पिछड़ों को कैसे 'गुलाम' बनाया यानि उन्हें उनकी सम्पत्ति, पूँजी, जमीन और शिक्षा से कैसे वंचित किया से शुरू करते हैं। वह 'पुरुष सूक्त' का हवाला दिये बिना धर्म ग्रन्थों की जाति व्यवस्था के उदय की बातों को मौजूदा विज्ञान के सत्यों के साथ परखते हैं। परिच्छेद नौ तक उन्होंने विभिन्न अवतारों, सुर-असुर युद्ध की चर्चा कर तार्किक रूप से उसे दलितों और पिछड़ों की 'गुलामी' की शुरुआत से जोड़ा है।

परिच्छेद ग्यारह से ज्योतिबा ने अपने काल में जारी दलितों और पिछड़ों के शोषण और उत्पीड़न को उजागर किया है। शिक्षा विभाग में ब्राह्मणों के वर्चस्व को लेकर उनके प्रेक्षण और निष्कर्ष आज भी सत्य प्रतीत होते हैं। तत्कालीन प्रेस के विषय में उनके कहे गये यह शब्द 'सभी मराठी अखबारों के सम्पादक ब्राह्मण होने की वजह से उनको अपनी जाति के विरुद्ध लिखने के लिए हाथ नहीं चला रहे।"

'मण्डल आयोग' की रपट लागू होने पर इस देश की प्रेस द्वारा अपनाये गये रवैये से साफ जाहिर होता है कि उनके युग और आज के युग में बहुत अन्तर नहीं आया है।

अन्त में 'गुलामगिरी' में ज्योतिबा ने क्रान्तिकारी होने का सही प्रमाण देते हुए खुद कुछ बातों को अपने जीवन में उतारने का निर्णय किया है। उनके अनुसार उस

समय कहे गये उनके विचारों से आज सिर्फ लड़ाई की रणनीति में परिवर्तन आ गया है और पुरानी व्यवस्था अभी भी आधुनिकता का सम्भ्रान्त लबादा ओढ़े जारी है।

ब्राह्मणों के जिन प्रमुख धर्म ग्रन्थों के आधार पर शूद्रादि, अतिशूद्र लोग ब्राह्मणों के गुलाम हैं और उनके कई ग्रन्थों में हमारी गुलामी के समर्थन में कई लेख लिखे हुए मिलते हैं, उन सभी ग्रन्थों का, धर्म शास्त्रों का उसका जिन-जिन धर्म शास्त्रों से सम्बन्ध होगा, उन सभी का हम निषेध करते हैं।

यह भारतीय समाज की अजीब विडम्बना ही है कि हमारे यहाँ बौद्धिकता के छद्म आवरण में छिपी भावनाओं को तो शीर्षस्थ स्थान पर स्थापित किया जाता रहा, लेकिन यथार्थपरक बौद्धिकता को निकृष्टतम ठहराकर त्याज्य घोषित किया गया। वस्तुतः दिल को दिमाग से, भक्ति को ज्ञान से और विश्वास को तर्क से श्रेष्ठ मानने की जो सामान्य प्रवृत्ति इस देश के लोगों को निहित स्वार्थी तत्त्वों द्वारा घोट-घोट कर पिलाई गयी उसके चलते शूद्र या अन्य निम्न जातीय व्यक्ति की सोच पर चिन्तन मनन न होना उसकी एक स्वाभाविक परिणति है। कबीर, रैदास उसी बौद्धिक पक्षपात के शिकार रहे और ज्योतिबा फुले भी इसी के शिकार हैं। ऐसे में लेखक डॉ. विमलकीर्ति ने परम आदरणीय ज्योतिबा फुले की मराठी पुस्तक 'गुलामगिरी' हिन्दी में अनुवादित कर हम हिन्दी भाषी लोगों को लम्बे समय से खल रही एक कमी को दूर कर दिया है। मैंने भाषा की शैली से पहचाना है कि उन्होंने 'ज्योतिबा' द्वारा कही गयी बातों को, तथ्यों को उनके मौलिक रूप में रखने की बहुत ही सावधानी बरती है। मैंने लेखक की ज्योतिबा लिखित अन्य पुस्तक 'सत्सार इशारा' भी देखी है और आप सबसे ज्योतिबा का यह साहित्य पढ़ने का अनुरोध करता हूँ।

अन्त में मैं बाबासाहेब डॉ. अम्बेडकर के शब्दों में उन्नीसवीं सदी के महानतम् शूद्र ज्योतिबा के इस कथन से रुख्सत करता हूँ–

"हर मनुष्य को आजादी होनी चाहिए, यह उसकी बुनियादी जरूरत है। सभी को आजादी देकर उन्हें जुल्मी लोगों के जुल्म से मुक्त करके सुखी बनाना यही उनका इस तरह से खतरा मोल लेने का उद्देश्य है।"

नयी दिल्ली
10 अगस्त 1991

–शरद यादव
केन्द्रीय मन्त्री (भारत सरकार)

SLAVERY

(IN THE CIVILISED BRITISH GOVERNMENT UNDER THE CLOAK OF BRAHMANISM)

EXPOSED BY

JOTIRAO GOVINDRAW FULE

* * * *

(ब्राह्मणी धर्माच्या आडपड्यांत)

गुलामगिरी

(सुधारल्या इंग्लिश राज्यांत)

हें लहानसें पुस्तक

जोतिराव गोंविदराव फुले

यांनीं

लोक हितार्थ केलें

तें

पुणें येथें "पुना सिटी प्रेस" छापखान्यांत छापलें

किमत १२ आणे

गरीब शूद्रादिअतिशूद्रांस ६ आणे

(१८७३ में प्रकाशित हुये पहले मराठी संस्करण के मुखपृष्ठ का यथामूल मुद्रण)

DEDICATED
TO
THE GOOD PEOPLE OF THE
UNITED STATES

AS A TOKEN OF ADMIRATION FOR THEIR SUBLIME DISINTERESTED AND SELF SACRIFICING DEVOTION in the cause of Negro Slavery; and with an earnest desire that my countrymen may take their noble example as their guide in the emancipation of their Sudra Brothern from the trammels of Brahmin thraldom.

THE AUTHOR

यूनैटेड स्टेट्स के सदाचारी लोगों ने
गुलामों को दासता से मुक्त
करने के कार्य में उदारता,
निरपेक्षता और परोपकारबुद्धि
दिखायी, इसलिए
उनके सम्मान में
यह छोटी-सी किताब
उन्हें परमस्नेहभाव से
अर्पण कर रहा हूँ
और मेरे देशवासी भाई
उनके इस प्रसशंसनीय कार्य का
अनुकरण कर अपने
शूद्र भाइयों को ब्राह्मण लोगों की
गुलामी से मुक्त करने के कार्य में
प्रेरणा लेंगे यही उम्मीद करता हूँ।

ग्रन्थकर्ता

सूची

PREFACE

"The day that reduces a man to slavery takes from him the half of his virtue," **Homer**.

"Our system of Government in India is not calculated to raise the character of those subject to it, nor is the present system of education one to do more than *over-educate the few,* leaving the mass of the people as ignorant as ever and still mere at the mercy of the few learned; in fact, it is an extension of the demoralizing Brahmin-ridden policy, which perhaps, has more retarded the progress of civilization and improvement in India generally than anything else."

Col. G.J. Haly—*On Fisheries in India*

"Many ages have elapsed since peculiar resources were afforded to the Brahmins; but the most considerate cosmopolite would hesitate to enroll them amongst the benefactors of the world. They boast of vast stores of ancient learning. They have amassed great riches, and been invested with unbounded power, but to what good end? They have cherished the most degrading superstitions and practised the most shameless impostures. They have arrogated to themselves the possession and enjoyment of the rarest gifts of fortune and perpetuated the most revolting system known to the world. It is only from a diminution of their abused power that we can hope to accomplish the great work of national regeneration."

Mead's *Se poy Revolt.*

Recent researches have domonstrated boyond a shadow of doubt that the Brahmins were not the aborigines of India—At some remote period of antiquity, probably more than 3000 years ago, the Aryan progenitors of the present Brahmin Race descended upon the plains of Hindoostan from regions lying beyond the Indus, the Hindoo Koosh and other adjoining tracts. According to Dr. Pritchard, the Ethnologist they were an off-shoot of the Great Indo-European race, from whom the Persians, Medes, and other Iranian nations in Asia and the principal nations in Europe like-wise are descended. The Affinity existing between the Zend, the Fersian and Sanskrit languages, as also between all the European languages, unmistakably points to a common source of origin. It appears also more than probable that the original cradle of this race being an arid, sandy and mountainous region, and one ill calculated to afford them the sustenance which their growing wants required, they branched off into colonies, East and West. the extreme fertility of the soil in India, Its rich productions, the proverbial wealth of its people, and the other innumerable gifts which this favoured land enjoys, and which have more recently tempted the cupidity of the Western nations, no doubt, attracted the Aryans, who came to India not as simple emigrants with peaceful intentions of colonization, but as conquerors. They appear to have been a race imbued with very high notions of self, extremely cunning arrogant and bigoted. Such self-gratulatory, pride-flattering epithets as आर्य, भूदेव etc, with which they designated themselves, confirm us in our opinion of their primitive character, which they have preserved up to the present time, with perhaps, little change for the better. The aborigines whom the Aryans subjugated, or displaced, appear to have been a hardy and brave people from the determined front which they offered to these interlopers. Such opprobrious terms as (शूद्र) Sudra 'insignificant' महारी 'the great foe' अन्त्यज, चाडांळ etc. with which they designated them, undoubtedly show that originally they offered the greatest resistance in their power to their establishing themselves in the country, and hence the great aversion and hatred in which they are held. From many customs* traditionally handed down to us as well as from the mythological legends contained in the sacred dooks of the Brahmins, it is evident that there had been a hard struggle for ascendancy between the two races. The wars of Dev and

* A most remarkable and striking corroboration of these views is to be found in the religious rites observed on some of the grand festivals which have a reference to Bali Raja, the great king who appears to have regined once in the hearts and affections of the Sudras and whom the Brahmin rulers displaced. On the day of *Dushara*, the wife and sisters of a Sudra, when he returns from his worship of the *Shumi Tree* and after the distribution of its leaves, which are regarded on that day as equivalent to gold, amongst his friends, relations and acquaintances, he is greeted, at home with a welcome 'अला बला जावें और बली का राज आवें' "Let all troubles and misery go, and the kingdom of Bali come." Whereas the wife and sisters of a Brahmin place on that day in the froeground of the house an image of Bali, made generally of wheaten or other flour, and when the Brahmin returns from his worship of the *Shumi Tree* he takes the stalk of it, pokes with it the belly of the image and then passes into the house. This contrariety, in the religious customs and usages obtaining amongst the Sudras and the Brahmins and of which many more examples might be adduced can be explained on no other supposition but that which I have tried to confirm and elucidate in these pages.

Daitya, or the Rakshas, about which so many fictions are found scattered over the sacred books of the Brahmins, have certainly a reference to this primeval struggle. The original inhabitants with whom these earthborn Gods, the Brahmins, fought, were not inappropriately termed Rakshas, that is the protectors of the land. The incredible and foolish legends regarding their form and shape are no doubt mere chimeras, the fact being that these people were of superior stature and hardy make. Under such leaders as Brahma, Parshuram and others the Brahmins waged very protected wars against the original inhabitants. They eventually succeeded in establishing their supremacy and subjugating the aborigines to their entire control. Accounts of these conquests, enveloped with a mass of incredible fiction, are found in the books of the Brahmins. In some instances they were compelled to emigrate, and in others wholesale extermination was resorted to. The cruelties which the European settlers practised on the American Indians on their first settlement in the new world, had certainly their parallel in India on the advent of the Aryans and their subjugation of the aborigines. The cruelties and inhuman atrocities which Parshuram committed on the Kshetrias, the people of this land, if we are to believe even one tenth of what the legends say regarding him, surpass our belief and show that he was more a fiend than a God. Perhaps in the whole range of history it is scarcely possible to meet with such another character as that of Parshuram, so selfish, infamous, cruel and inhuman. The deeds of Nero, Alaric or Machiavelli sink in to insignificance before the ferocity of Parshuram. The myriads of men and defenceless children whom he butchered simply with a view to the establishment of his coreligionists on a secure and permanent basis in this land, is a fact for which generations ought to execrate his name, rather than deify it.

This, in short, is the history of Brahmin domination in India. They originally settled on the banks of the Ganges wence they gradually spread over the whole of India. In order, however, to keep a better hold on the people they devised that weird system of mythology, the ordination of caste, and the code of cruel and inhuman laws, to which we can find no parallel amongst other nations. They founded system of priestcraft so galling in its tendency and operation, the like of which we can hardly find anythwere since the times of the Druids. The institution of Caste, which has been the main object of their laws, had no existence among them originally. That it was an after creation of their deep cunning is evident from their own writings. The highest rights, the highest privileges and gifts, and everything that would make the life of a Brahmin easy, smoothgoing and happy everthing that would conserve or flatter their self-pride,-were specially inculcated and enjoined, whereas the Sudras and Atisudras were regarded with supreme hatred and contempt, and the commonest rights of humanity were denied them. Their touch, nay, even their shadow, is deemed a pollution. They are considered as mere chattels, and their life of no more vlaue than that of meanest reptile; for it is enjoined that if a Brahmin, 'kill a cat or an ichneumon, the bird chasha, or a frog or a dog, a lizard, an owl, a crow or a Sudra" he is absolved of his sin by performing the चांद्रायण प्रायश्चित्त, a fasting penance, perhaps for a few hours or a day and requiring not much labour or trouble. While for a Sudra to kill a Brahmin is considered the most heinous offence he could commit, and the forfeiture of his life is the only punishment his crime is considered to merit. Happily for our Sudra brethern of the present day our enlightened British Rulers have not recognized these preposterous, inhuman and unjust penal enactments of the Brahmin legislators. They no doubt regard them more as ridiculous fooleries than as equitable laws. Indeed, no man possessing even a grain of common sense would regard them as otherwise. Any one, who feels disposed to look a little more into the laws and ordinances as embodied in the *Manava Dharma Shastra* and other works of the same class, would undoubtedly be impressed with the deep cunning underlying them all. It may not, perhaps, be out of place to cite here a few more instances in which the superiority or excellence of the Brahmins in held and enjoined on pain of Divine displeasure.

The Brahmin is styled the Lord of the Universe, even equal to the God himself. He is to be worshipped, served and respected by all.

A Brahmin can do no wrong.

Never shall the King slay a Brahmin, though he has committed all possible crimes.

To save the life of a Brahmin any falsehood may be told. There is no sin in it.

No one is to take away anything belonging to a Brahmin.

A king, though dying with want, must not reveice any tax from a Brahmin, nor suffer him to be afflicted with hunger or the whole kingdom will be afflicted with famine.

The feet of a Brahmin are holy. In his left foot reside all the तीर्थ (holy pilgrimages) and by dipping which into water the makes it as holy as the waters at the holiest of shrines.

A Brahmin may compel a man of the servile class to perform

servile duty, because such a man was created by the almighty only for the purpose of serving Brahmins.

A Sudra, thought emancipated by his master, is not released from state of servitude; for, being born in a state which is natural to him by whom can he be divested of his natural attributes?

Let a Brahmin not give temporal advice nor spiritual consel to a Sudra.

No superfluous accumulation of wealth shall be made by a Sudra, even though he has the power to make it, since a servile man who has amassed riches becomes proud and by his insolence or neglect he gives pain even to Brahmins.

If a Sudra cohabit with a Brahminee adultrees, his life is to be taken. But if a Brahmin goes even unto the lawful wife of a Sudra he is exempted from all corporal punishment.

It would be needless to go on multiplying instances such as these. Hundreds of similar ordinances including many more of a wors character than these can be found scattered over their books. But what can have been the motives and objects of such cruel and inhuman Laws? They are, I believe, apparent to all but to the infatuated, the blind and the self-interested. Anyone who runs may even read them. Their main object in fabricating these falsehoods was to dupe the minds of the ingnorant and to rivet firmly on them the chains of perpetual bondage and slavery which their selfishness and cunning had forged. The severity of laws as affecting the shudras, and the intense hatred with which they were regarded by the Brahmins can be explained on no other supposition but that there was, originally between the two, a deadly feud, arising as we have shown above, from the advent of the latter into this land. It is surprising to think what a mass of specious fiction the interlopers invented with a view to hold the original occupiers of the soil fast in their clutches, and rule securely for ages yet to come through the means of their credulity. Anyone who will consider well the whole history of Brahmin domination in India, and the thraldomunder which it has retained the people even up to the present day, will agree with us in thinking that no language could be too harsh by which to characterise the selfish heartlessness and the consummats cunning of the Brahmin tyranny by which India has been so long governed. How far the Brahmins have succeed in their endeavours to enslave the minds of the Sudras and Atisudras, those of them who have come to know the true state of matters know well to their cost. For generations past they have born these chains of slavery and bondage.

Innumerable Bhut writers, with the selfsame objects as those of Menu and others of his class, added from time to time to the existing mass of legends, the idle phantasies of their own brains, and palmed them off upon the ignorants masses as of Divine inspiration, or as the acts of the Deity himself. The most immoral, inhuman, unjnst actions and deeds have been attributed to that Being who is our Creator, Governor and Protector and who is all Holiness himself.

These blasphemous writings, the products of the distempered brains of these interlopers, were received as gospel truths, for to doubt them was considered as the most unpardonable of sins. This system of slavery, to which the Brahmins reduced the lower classes is in no respects inferior to that which obtained a few years ago in America. In the days of rigid Brahmin dominancy, so lately as that of the time of the Peshwa, my Sudra brethern had even greater hardships and oppression practised upon them than what even the slaves in America had to suffer. To this system of selfish superstition and bigotry, we are to attribute the stagnation and all the evils under which India has been groaning for many centuries past. It will, indeed, be difficult to name a single advantage which accrued to the aborigines from the advent of this intensely selfish and tyrannical sect. The Indian Ryot (the Sudra and Atisudra) has been in fact a proverbial Milch cow. He has passed from hand to hand. Those who successively held sway over him cared only to fatten themselves on the sweat of his brow, without caring for his welfare or condition. It was sufficient for their purposes that they held him safe in their clutches for squeezing out of him as much as they possibly could. The Brahmin had as last so contrived to entwine himself round the Sudra in every large or small undertaking, in every domestic or public business that the latter is by custom quite unable to transact any concern of moment without his aid.

This is even true at the present time. While the Sudra on the other hand is so far reconciled to the Brahmin yoke, that like the American slave he would resist any attempt that may be made for his deliverance and fight even against his benefactor. Under the guise of religion the Brahmin has his finger in every thing, big or small, which the Sudra undertakes. Go to his house, to his field or to the court to which business may invite him, the Brahmin is there under some specious pretext or other, trying to squeeze out of him as much as his cunning and wily brain can manage.

The Brahmin despoils the Sudra not only in his capacity of a priest, but does so in a variety of other ways Having by his superior education and cunning monopolized all the higher places of emolument, the ingenuity of his ways is past finding out, as the reader will find on an attentive persual of this book. In the most insignificant village as in the largest town, the Brahmin is the all in all; the be all and the end all of the Ryot. He is the master the ruler. The Patel of a village, the headman is in fact a nonentity. The Koolkurnee the hereditary Brahmin village accountant, the notorious quarrel-monger, moulds the Patell accord in to his. He wishes is the temporal and spiritual adviser of the ryots, the Soucar in his necessities and the general referee in all matters. In most instances he plans active mischief by advising opposite parties differently, so that he may feather his own nest well. If we go up higher, to the Court of a Mamlutdar, we find the same thing. The first anxiety of a Mamlutdar is to get round him, if not his own relatives, his castemen to fill the various offices under him. Therse actively foment quarrels and are the media of all corrupt practices prevailing generally round about these Courts.

If a Sudra or Atisudra repairs to his Courts the treatment which he receives is akin to what the meanest reptile gets. Instead of his case receiving a patient and carefull hearing, a choice lot of abuse is showered on his devoted head, and his prayer is set aside on some pretext or other. Whereas if one of his own castemen were to repait to the Court on the self-same business, he is received with all courtesy, and their is hardly any time lost in getting the matter right. If we go up still higher to the Collector's and Revenue Commissioner's courts and to the other Departments of the Public Service, the Engineer, Educational etc., the same system is carried out on a smaller or greater scale.

The higher European officers generally view men and things through Brahmin spectacles, and hence the deplorable ignorance they often exhibit in forming a correct estimate of them. I have tried to place before my readers in the concluding portions of this book what expedients are employed by these Brahmin officials for fleecing the Coonbee in the various departments to which business or his necessities induce him to resort. Any one knowing intimately the workings of the different departments and the secret springs which are in motion, will unhesitatingly concur with me in saying that what, I have described in the following pages is not one hundredth part of the rogueries that are generally practised on my poor, illiterate and ignorant Sudra brethren. Though the Brahmin of the old Peishwa school is not quite the same as the Brahmin of the present day, though the march of Western ideas and civilization is undoubtedly telling on his superstition and bigotry, he has not as yet abandoned his time cherished notions of superiority of the dishonesty of his ways. The Beef, the Mutton, the intoxicating beverages stronger and more fiery than the famed *some juice*, which their ancestors once relished, as the veriest dainties, are fast finding innumerable votaries among them.

The Brahmin of the present time finds to some extent, like Othello, that his occupation is gone. but knowing full well this state of matters, is the Brahmin inclined to make atonement for his past selfishness? Perhaps, it would have been useless to repine over what has been suffered and what has passed away, had the present state been all that is desirable. We know perfectly well that the Brahmin will not descend from his self-raised high pedestal and meet his Conbee and low caste brethern on an equal footing without a struggle. Even the educated Brahmin who knows his exact position and how he has come by it, will not condescend to acknowledge the errors of his forefathers and willingly forego the long cherished false notions of his own superiority. At present, not one has had the moral courage to do what only duty demands and as long as this state of matters continues, rect distrusting and degrading sect, the condition of the Sudras will remain unaltered and India will never advance in greatness or prosperity.

Perhaps a part of the blame in bringing matters to this crisis may be justly laid to the credit of the Government. Whatever may have been their motives in providing ampler funds and greater facilities for higher education and neglecting that of the masses. It will be acknowledged by all that in justice to the latter this is not as it should be. It is an admitted fact that the greater portion of the revenues of the Indian Empire are derived from the Ryot's labor-from the sweat of his brow. The higher and richer classes contribute little or nothing to the state's exchequer. A well informed English writer states that—

"Our income is derived, not from surplus profits, but from capital; not from luxuries but from the poorest necessaries. It is the product of sin and tears."

That Government should expend profusely a large portion of revenue thus raied, on the education of the higher classes, for it is these only who take advantage of it, is anything but just or equitable. Their object in patronising this virtual high class education appears to be to prepare scholars. "Who, it is thought, whould in time vend learning without money and without price." "If we can inspire," say they "the love of knowledge in the minds of the superior classes, the result will be a higher standard of morals in the cases of the individulas, a large amount of affection for the British government, and an unconquerable desire to spread among their own countrymen the intellectual blessings which they have received."

Regarding these objects of Government the writer, above alluded to, states that—

"We have never heard of philosophy more benevolent and more utopian. It is proposed by men who witness the wonderous changes brought about in the Western world, purely by the agency of popular knowledge, to redress the defects of the two hundred millions of India, by giving super˙or education to the superior classes and to them only."

***"We ask the friends of Indian Universities to favour us with a single example of the truth of their theory from the instances which have already fallen within the scope of their experience. They have educated many children of wealthy men, and have been the means of advancing very materially the wordly prospects of some of their pupils; but what contribution have these made to the great work of regenerating their fellowmen? How have they begun to act upon the masses? Have any of them formed classes at their own homes or elsewhere, for the instruction of their less fortunate or less wise countrymen? Or have they kept their knowledge to themselves, as a personal gift, not to be soiled by contact with the ignorant vulger? Have they in any way shown themselves anxious to advance the general interests and repay philanthropy with patriotism? Upon what grounds is it asserted that the best way to advance the moral and intellectual welface of the people is to raise the standard of instruction among the higher classes? A glorious argument this for aristocracy were it only tenable. To show the growth of the national happiness, it would only be necessary to refer to the number of pupils at the colleges and the lists of the academic degree. Each wrangler would be accounted a national benefactor; and the existence of Deans and Proctors would be associated, like the game laws and the tenpound franchise, with the best interests of the Constitution."

Perhaps the most glaring tendency of the Government system of high class education has been the virtual monopoly of all the higher offices under them by the Brahmins. If the welfare of the Ryot is at heart, if it is the duty of government to check a host of abuse, it behoves them to narrow this monopoly, day by day, os as to allow a sprinkling of the other castes to get in to the public service. Perhapas some might be hclineb to say that it is not feasible in the present state of education. Our only reply is that if government loak a little less after higher education and more towards the education of the masses, the former being able to take care of itself, there would be no difficulty in training up a body of men every way qualified and perhaps far better in morals and manners.

My object in writing the present volume is not only to tell my Sudra brethern how they have been duped by the Brahmins, but also to open the eyes of Government to that pernicious system of high class education which has hitherto been so persistenly followed and which statesmen like Sir George Campbell, the persent Lieutenant Governor of Bengal, with broad and universal sympathies, are findings to be highly mischievious and pernicious to the interests of Government. I sincerely hope that Government will ere long see the error of their ways, trust less to writers or men who look through high class spectactacles and take the glory in to their own hands of emancipating my Sudra brethern from the trammels of bondage which the Brahminas have woven round them like the coils of a serpent. It is no less the duty of such of my Sudra brethern as have received any education to place before government the true state of their fellowmen and endeavour to the best of their power to emancipate themselves from Brahmin thraldom. Let their be schools for the Sudras in every village; but away with all Brahmin school-masters! The Sudras are the life and sinews of the country, and it is to them alone and not to the Brahmins that the Government must ever look to tide them over their difficulties, financial as well as political. If the hearts and minds of the Sudras are made happy and contented the British Government need have no fear for their loyalty in the future.

—Joteerao Phooley

प्रस्तावना

सैकड़ों साल से आज तक शूद्रादि अतिशूद्र (अछूत) समाज, जब से इस देश में ब्राह्मणों की सत्ता कायम हुई तब से लगातार जुल्म और शोषण का शिकार हैं। ये लोग हर तरह की यातनाएँ और कठिनाइयों में अपने दिन गुजार रहे हैं। इसलिए इन लोगों को इन बातों की ओर ध्यान देना चाहिए और गम्भीरता से सोचना चाहिए। अब इसके आगे ये लोग अपने आप को ब्राह्मण-पण्डा-पुरोहितों की जुल्म-ज्यादतियों से कैसे मुक्त कर सकते हैं, यही आज हमारे लिए सबसे महत्त्वपूर्ण सवाल है, यही इस ग्रन्थ का उद्देश्य है। यह कहा जाता है कि इस देश में ब्राह्मण पुरोहितों की सत्ता कायम हुए लगभग तीन हजार साल से भी ज्यादा समय बीत गया होगा। वे लोग परदेश से यहाँ आये। उन्होंने इस देश के मूल निवासियों पर बर्बर हमले करके इन लोगों को अपने घरबार से, जमीन-जायदाद से भगा दिया और इन सभी को अपने गुलाम (दास, दस्यु) बनाये। और उन्होंने इनके साथ बड़ी अमानवीयता का रवैया अपनाया था। आगे सैकड़ों साल बीत जाने के बाद इन लोगों को बीते काल की घटनाओं की विस्मृतियाँ हुई देखकर कि हम परदेश से आकर यहाँ के मूल निवासियों को घरबार जमीन-जायदाद से खदेड़कर इन्हें अपना गुलाम बनाकर रखा, इस बात के प्रमाणों को ब्राह्मण-पण्डा-पुरोहितों ने तहस-नहस कर दिया, दफनाकर नष्ट कर दिया।

उन ब्राह्मणों ने अपना प्रभाव, अपना वर्चस्व इन लोगों के दिलों-दिमाग पर बनाये रखा जिससे केवल अपना स्वार्थ फलता-फूलता रहे, इसलिए उन्होंने कई तरह के हथकण्डे अपनाये और वे सभी इसमें कामयाब भी होते रहे चूँकि उस समय ये लोग सत्ता की दृष्टि से पहले ही पराधीन हुए ही थे और बाद में ब्राह्मण-पण्डा-पुरोहितों ने उन्हें ज्ञानहीन-बुद्धिहीन बना दिया था। जिसका परिणाम यह हुआ कि, ब्राह्मण-पण्डा-पुरोहितों के दाँव-पेंच, उनकी जालसाजी इनमें से किसी के भी ध्यान में नहीं आ सकी। ब्राह्मण-पुरोहितों ने इन पर अपना वर्चस्व कायम करके इन्हें हमेशा-हमेशा के लिए अपना गुलाम बनाकर रखने के लिए केवल अपने निजी हितों को ही मद्देनजर रखकर एक से अधिक बनावटी ग्रन्थों की रचना करके कामयाबी हासिल की। उन नकली ग्रन्थों में उन्होंने यह दिखाने की पूरी कोशिश की कि, हमें जो विशेष अधिकार प्राप्त हैं वे सब हमें ईश्वर द्वारा प्राप्त हैं। इस तरह का झूठा

प्रचार उस समय के अनपढ़ लोगों में किया गया और उस समय के शूद्रादि-अतिशूद्रों में मानसिक गुलामी के बीज बोये गये। उन ग्रन्थों में यह भी लिखा गया कि शूद्रों को (ब्रह्मा ने) पैदा करने का उद्देश्य बस इतना ही था कि इनको हमेशा-हमेशा के लिए ब्राह्मण-पुरोहितों की सेवा करने में ही लगा रहना चाहिए और ब्राह्मण-पुरोहितों की मर्जी के खिलाफ कुछ भी नहीं करना चाहिए। मतलब ये ईश्वर को प्राप्त होंगे और इनका जीवन सार्थक होगा।

लेकिन इन ग्रन्थों के बारे में किसी ने कुछ भी सोचा होता कि यह बात कहाँ तक सही है? क्या वे सचमुच ईश्वर द्वारा प्राप्त हैं? तो उन्हें इसकी सच्चाई तुरन्त समझ में आ जाती। लेकिन इस प्रकार के ग्रन्थों से सर्वशक्तिमान, सृष्टि का निर्माता जो परमेश्वर है उसकी समानतावादी दृष्टि को बड़ा गौणत्व प्राप्त हो गया है। इस तरह के हमारे जो ब्राह्मण-पण्डा-पुरोहित वर्ग के भाई हैं, जिन्हें भाई कहने में भी शर्म आती है, क्योंकि उन्होंने किसी समय शूद्रादि-अतिशूद्रों को पूरी तरह से तबाह कर दिया था और वे ही लोग अभी धर्म के नाम पर, धर्म की मदद से इनको चूस रहे हैं। एक भाई द्वारा दूसरे भाई पर जुल्म करना यह भाई का धर्म नहीं है। फिर भी हमें हम सभी के उत्पन्नकर्ता के रिश्ते से उन्हें भाई कहना पड़ रहा है। तो वे भी खुले रूप से यह कहना छोड़ेंगे नहीं, फिर भी उन्होंने केवल अपने स्वार्थ का ही ध्यान न रखते हुए सिर्फ न्यायबुद्धि से ही सोचना चाहिए। यदि ऐसा ही है, तो उन ग्रन्थों को देखकर-पढ़कर हमारे बुद्धिमान अंग्रेज, फ्रेन्च, जर्मन, अमेरिकी और अन्य बुद्धिमान लोग अपना यह मत दिये बिना नहीं रहेंगे कि उन ग्रन्थों को (ब्राह्मणों ने) केवल अपने मतलब के लिए लिख रखा है। उन ग्रन्थों में हर तरह से ब्राह्मण-पुरोहितों का महत्त्व बताया गया है। ब्राह्मण-पुरोहितों का शूद्रादि-अतिशूद्रों के दिलो-दिमाग पर हमेशा-हमेशा वर्चस्व बना रहे इसलिए उन्हें ईश्वर से भी श्रेष्ठ समझा गया है। ऊपर जिनका नाम निर्देश किया गया है, उनमें अंग्रेज लोगों ने इतिहासादि ग्रन्थों में कई जगह यह लिख रखा है कि, ब्राह्मण-पण्डा-पुरोहितों ने अपने निजी स्वार्थ के लिए अन्य लोगों को मतलब शूद्रादि-अतिशूद्रों को अपना गुलाम बना लिया है। उन ग्रन्थों द्वारा ब्राह्मण-पुरोहितों ने ईश्वर के वैभव को कितनी नीच अवस्था तक ला रखा है, यह सही में बड़ा शोचनीय सवाल है। जिस ईश्वर ने शूद्रादि-अतिशूदों को और अन्य लोगों को अपने द्वारा निर्मित इस सृष्टि की सभी वस्तुओं को समान रूप से उपभोग लेने की पूरी आजादी दी है, उस ईश्वर के नाम पर ब्राह्मण-पुरोहितों ने एकदम झूठ-मूठ ग्रन्थों की रचना करके उन सभी ग्रन्थों में सभी के (मानवी) हक को नकारते हुए स्वयं मालिक हो गये।

इस बात पर हमारे कुछ ब्राह्मण भाई इस तरह का सन्देह उठा सकते हैं कि यदि ये तमाम ग्रन्थ झूठ-मूठ के हैं, तो उन ग्रन्थों पर शूद्रादि-अतिशूद्रों के पूर्वजों ने क्यों आस्था रखी थी? और आज भी इनमें से बहुत सारे लोग क्यों आस्था रखे हुए हैं?

इसका जवाब यह है कि, आज के इस प्रगत काल में कोई किसी पर जुल्म नहीं कर सकता, मतलब अपनी बात को लाद नहीं सकता। आज सभी को अपने मन की बात, अपने अनुभव की बात स्पष्ट रूप से लिखने की या बोलने की इजाजत है। किसी बुजुर्ग आदमी की ओर से कोई धूर्त आदमी किसी बड़े व्यक्ति के नाम से झूठा पत्र भी लिखकर लाया फिर भी कुछ समय के लिए ही क्यों न हो उस पर भरोसा करना ही पड़ता है। बाद में समय के अनुसार वह भी झूठ साबित हो ही जाता है। यदि यही है तो शूद्रादि-अतिशूद्र किसी समय ब्राह्मण-पण्डा-पुरोहितों के जुल्म और ज्यादतियों के शिकार होने की वजह से और इन्हें उन्होंने पूरी तरह से अनपढ़-गँवार बनाकर रखने की वजह से उनका पतन हुआ है। ब्राह्मणों ने अपने (जाति) स्वार्थ के लिए समर्थ (रामदास)* के नाम पर झूठे-पाखण्डी ग्रन्थों की रचना करके शूद्रादि-अतिशूद्रों को गुमराह किया और आज भी इनमें से कई लोगों को ब्राह्मण-पुरोहित लोग गुमराह कर रहे हैं, यह स्पष्ट रूप से उक्त कथन की पुष्टि करता है।

ब्राह्मण-पण्डा-पुरोहित लोग अपना पेट पालने के लिए अपने पाखण्डी ग्रन्थों द्वारा जगह-जगह बार-बार अज्ञानी शूद्रों को उपदेश देते रहे, जिसकी वजह से इनके दिलो-दिमाग में ब्राह्मणों के प्रति पूज्य बुद्धि उत्पन्न होती रही। इन लोगों को उन्होंने (ब्राह्मणों ने) इनके मन में ईश्वर के प्रति जो भावना है वही भावना अपने को (ब्राह्मणों को) समर्पित करने के लिए मजबूर किया। यह कोई साधारण या मामूली अन्याय नहीं है। इसके लिए उन्हें ईश्वर के पास जवाब देना होगा। ब्राह्मणों के उपदेशों का प्रभाव अधिकांश अज्ञानी शूद्र लोगों के दिलो-दिमाग पर इस तरह से पकड़ जमाये हुए हैं कि, ये अमरीका के (काले) गुलामों की तरह जिन दुष्ट लोगों ने हमें गुलाम बनाकर रखा है उनसे लड़कर मुक्त (आजाद) होने की बजाय जो हमें आजादी दे रहे हैं उन लोगों के विरुद्ध बेफिजूल कमर कसकर लड़ने के लिए तैयार हुए हैं। यह भी एक बड़े आश्चर्य की बात है कि, हम लोगों पर जो भी कोई उपकार करते होंगे, उनको कहना कि हम पर उपकार मत करो, फिलहाल हम जिस स्थिति में हैं वही स्थिति ठीक है, यह कहकर हम शान्त नहीं होते बल्कि उनसे झगड़ने के लिए तैयार रहते हैं, यह गलत है। वास्तव में हमको गुलामी से मुक्त करने वाले जो लोग हैं, उनका हमको आजाद कराने से कुछ हित होता है, ऐसा भी नहीं है। बल्कि उनको अपने ही लोगों में से सैकड़ों लोगों की बलि चढ़ानी पड़ती है। उन्हें बड़े-बड़े जोखिम उठाकर अपनी जान पर भी खतरा झेलना पड़ता है।

अब उनका इस तरह से दूसरों के हितों का रक्षण करने के लिए अगुवायी करने का उद्‌देश्य क्या होना चाहिए? यदि इस सम्बन्ध में हमने गहराई से सोचा तो हमारी समझ में आयेगा कि, हर मनुष्य को आजाद होना चाहिए, यही उसकी

* समर्थ रामदास—मराठी संतकवि। ब्राह्मण जाति में पैदा हुए और वे ब्राह्मणवाद के कट्टर समर्थक रहे हैं।

बुनियादी जरूरत है। जब व्यक्ति आजाद होता है तब उसे अपने मन के भावों और विचारों को स्पष्ट रूप से दूसरों के सामने प्रगट करने का मौका मिलता है। लेकिन जब उसे आजादी नहीं होती तब वह वही महत्त्वपूर्ण विचार, जनहित के होने के बावजूद दूसरों के सामने प्रगट नहीं कर सकता। और समय गुजर जाने के बाद वे सभी विचार लुप्त हो जाते हैं। उसी प्रकार मनुष्य आजाद होने से वह अपने सभी मानवीय अधिकार प्राप्त कर लेता है और असीम आनन्द का अनुभव करता है। सभी मनुष्यों को मनुष्य होने के जो सामान्य अधिकार, इस सृष्टि के नियंत्रक और सर्वसाक्षी परमेश्वर द्वारा दिये गये हैं उन तमाम मानव अधिकारों को ब्राह्मण-पण्डा-पुरोहित वर्ग ने दबाकर रखा है। अब ऐसे लोगों से अपने मानवीय अधिकर छीनकर लेने में कोई कसर बाकी नहीं रखनी चाहिए। उनके हक उन्हें मिल जाने से उन अंग्रेजों को खुशी होती है। सभी को आजादी देकर उन्हें जुल्मी लोगों के जुल्म से मुक्त करके सुखी बनाना ही उनका इस तरह से खतरा मोल लेने का उद्देश्य है। वाहवा!! यह कितना बड़ा जनहित का कार्य है!

उनका इतना अच्छा उद्देश्य होने की वजह से ईश्वर उन्हें, वे जहाँ गये वहाँ ज्यादा से ज्यादा कामयाबी देता रहा है। और अब इसके आगे भी इस तरह के अच्छे कामों में उनके प्रयास सफल होते रहें, उन्हें कामयाबी मिलती रहे, हम भगवान से यही प्रार्थना करते हैं।

दक्षिण अमेरिका और अफ्रीका जैसे पृथ्वी के इन दो बड़े हिस्सों में सैकड़ों साल से अन्य देशों से लोगों को पकड़-पकड़ कर यहाँ उन्हें गुलाम बनाया जाता था। यह दासों को खरीदने-बेचने की प्रथा यूरोप के और तमाम प्रगत कहलाने वाले राष्ट्रों के लिए बड़ी लज्जा की बात थी। उस कलंक को दूर करने के लिए अंग्रेज, अमेरिकी आदि उदार लोगों ने बड़ी-बड़ी लड़ाईयाँ लड़कर अपने नुकसान की बात को दर-किनार कर, उन्होंने अपने जान की भी परवाह नहीं की और गुलामों की मुक्ति के लिए लड़ते रहे। यह गुलामी प्रथा कई सालों से चली आ रही थी। इस अमानवीय गुलामी प्रथा को समूल नष्ट करने कर देने के लिए और असंख्य गुलामों को उनके परम-प्रिय माताओं-पिताओं से, भाई-बहनों से, बीवी-बच्चों से, दोस्त-मित्रों से जुदा कर देने की वजह से जो यातनायें सहनी पड़ीं उससे उन्हें मुक्त करने के लिए उन्होंने संघर्ष किया। उन्होंने जो गुलाम एक-दूसरे से जुदा कर दिये गये थे, उन्हें एक-दूसरे के साथ मिला दिया। वाह! अमरीकी आदि सदाचारी लोगों ने कितना अच्छा काम किया है। यदि आज उन्हें उन गरीब अनाथ गुलामों की बदतर स्थिति देखकर दया न आयी होती तो वे गरीब बेचारे अपने प्रियजनों से मिलने की इच्छा मन में ही रखकर मर गये होते।

दूसरी बात, उन गुलामों को पकड़कर लाने वाले दुष्ट लोग उन्हें क्या अच्छी तरह रखते भी थे या नहीं? नहीं, उन गुलामों पर वे लोग जिस प्रकार से जुल्म करते थे, उन जुल्मों की कहानी सुनते ही पत्थरदिल आदमी भी रोने लगेगा। वे लोग

उन गुलामों को जानवर समझकर उनसे हमेशा लात-जूतों से काम लेते थे। वे लोग कभी-कभी चिलचिलाती धूप में हल जुतवाकर उनसे अपनी जमीन जोत बो लेते थे। और यदि उन्होंने कुछ थोड़ी-सी आनाकानी भी की तो उनके बदन पर बैलों की तरह साँटे से घाव उतार देते थे। इतना होने पर भी क्या वे उनके खानपान की अच्छी व्यवस्था करते होंगे? इस बारे में तो कहना ही क्या? उन्हें केवल एक समय का खाना मिलता था। दूसरे समय कुछ भी नहीं। उन्हें जो भी खाना मिलता था वह भी बहुत थोड़ा-सा जिसकी वजह से उन्हें हमेशा आधे भूखे पेट रहना पड़ता था। लेकिन उनसे छाती चूर-चूर होकर मुँह से खून फेंकने तक दिन भर काम करवाया जाता था। और रात को उन्हें जानवरों के कोठे में या इस तरह की गन्दी जगहों में सोने के लिए छोड़ दिया जाता था, जहाँ थक कर आने के बाद वे गरीब बेचारे उन पथरीली जमीन पर मुर्दों की तरह सो जाते थे। फिर आँखों में पर्याप्त नींद कहाँ से होगी? बेचारों को आखिर नींद आयेगी भी कहाँ से? इससे पहली बात तो यह थी कि, पता नहीं मालिक को किस समय उनकी गरज पड़ जाये और उनका बुलावा आ जाये, इस बात का उनको जबरदस्त डर लगा रहता था। दूसरी बात यह थी कि पेट में पर्याप्त मात्रा में भोजन नहीं होने की वजह से जी घबराता था और जान लड़खड़ाने लगती थी। तीसरी बात यह थी कि, दिन भर बदन पर साँटे के वार बरसते रहने से सारा बदन लहूलुहान हो जाता था और उसकी यातनाएँ इतनी जबरदस्त होती थीं कि पानी में मछली की तरह रात भर तड़फड़ाते हुए इस करवट से उस करवट पर होना पड़ता था। चौथी बात यह थी कि, अपने लोग अपने पास न होने की वजह से उस बात का दर्द तो और भी भयंकर था। इस तरह की बातें मन में आने से यातनाओं के ढेर खड़े हो जाते थे और आँखें रोने लगती थीं। वे बेचारे भगवान से दुआ माँगते थे कि, 'हे भगवान! अब तो हम पर कुछ दया कर। तू हम पर रहम कर। अब हम इन यातनाओं को बर्दाश्त करने के भी काबिल नहीं रहे हैं। अब हमारी जान भी निकल जाये तो अच्छा ही होगा।' इस तरह की यातनाएँ सहते-सहते, इस तरह से सोचते-सोचते ही सारी रात गुजर जाती थी। उन लोगों को जिस-जिस प्रकार की पीड़ाओं को, यातनाओं को सहना पड़ा उनको यदि एक-एक करके कहा जाये तो भाषा और साहित्य के शोकरस के शब्द भी फीके पड़ जायेंगे, इसमें कोई सन्देह नहीं। तात्पर्य, अमेरिकी लोगों ने आज सैकड़ों साल से चली आ रही गुलामी की अमानवीय परम्परा को समाप्त करके गरीब अनाथ लोगों को उन चण्ड लोगों के जुल्म से मुक्त करके उन्हें पूरी तरह से सुख की जिन्दगी बख्शी है। इन बातों की शूद्रादि-अतिशूद्रों को अन्य लोगों की तुलना में बहुत ही ज्यादा खुशी होगी। क्योंकि, गुलामी की अवस्था में गुलाम लोगों को, गुलाम जातियों को मिली यातनाएँ बर्दाश्त करनी पड़ती हैं, इसका स्वयं अनुभव किये बिना अन्दाजा करना नामुमकिन है। जो सहता है वही जानता है।

अब उन गुलामों में और इन गुलामों में फर्क इतना ही होगा कि पहले प्रकार के गुलामों को ब्राह्मण-पुरोहितों ने अपने बर्बर हमलों से पराजित कर के गुलाम बनाया था और दूसरे प्रकार के गुलामों को दुष्ट लोगों ने एकाएक जुल्म करके गुलाम बनाया था। शेष बातों में इनकी और स्थिति समान हैं। इनकी स्थिति में और उन गुलामों की स्थिति में बहुत फर्क नहीं है। उन्होंने जिस-जिस प्रकार की मुसीबतों को बर्दाश्त किया है वह सभी मुसीबतें शूद्रादि-अतिशूद्रों ने ब्राह्मण-पण्डा-पुरोहितों से सही हैं। यदि यह कहा जाये कि, उन लोगों से भी ज्यादा की ज्यादतियाँ इन शूद्रादि-अतिशूद्रों को बर्दाश्त करनी पड़ीं, तो इसमें किसी तरह का सन्देह नहीं होना चाहिए। उन लोगों को जुल्म सहना पड़ा। उसकी एक-एक दास्तान सुनते ही किसी भी पत्थरदिल आदमी को ही नहीं बल्कि साक्षात पत्थर भी पिघलकर उसमें से पीड़ाओं के आँसुओं की बाढ़ निकल पड़ेगी। और उस बाढ़ से धरती पर इतना बहाव होगा कि, जिनके पूर्वजों ने शूद्रादि-अतिशूदों को गुलाम बनाया उनके वंशज आज के जो ब्राह्मण-पुरोहित भाई हैं उनमें से जो अपने पूर्वजों की तरह पत्थरदिल नहीं हैं बल्कि जो अपने अन्दर के मुनष्यत्व को जाग्रत रखकर सोचते हैं, उन लोगों को यह जरूर महसूस होगा कि, यह एक जलप्रलय ही है।

हमारे दयालु अंग्रेज सरकार को शूद्रादि-अतिशूद्रों ने ब्राह्मण-पण्डा-पुरोहितों से किस-किस प्रकार का जुल्म सहा है और आज भी सह रहे हैं, इसके बारे में कुछ भी मालूमात नहीं है। वे लोग यदि इस सम्बन्ध में पूछताछ करके कुछ जानकारी हासिल करने की कोशिश करेंगे तो उन्हें यह समझ में आयेगा कि हमने हिन्दुस्तान का जो-जो भी इतिहास लिखा है उससे एक बहुत बड़े, बहुत भयंकर और बहुत ही महत्त्वपूर्ण हिस्से को नज़रअन्दाज़ किया है। उन लोगों को एक बार भी शूद्रादि-अतिशूद्रों के दुख-दर्दों की जानकारी मिल जाये तो उन लोगों को सच्चाई समझ में आ जायेगी और बड़ी पीड़ा होगी। वे लोग अपने (धर्म) ग्रन्थों में, जहाँ भयंकर बुरी अवस्था में पहुँचाये गये और चण्ड लोगों द्वारा सताए हुए, जिनकी पीड़ाओं की कोई सीमा ही नहीं है, ऐसे लोगों की दुरवस्था को उपमा देना हो तो शूद्रादि-अतिशूद्रों की स्थिति की ही उपमा उचित होगी। उससे कवि को बहुत विषाद होगा। कुछ अच्छा भी लग जायेगा कि आज तक कविताओं में उसको शोकरस की पूरी तस्वीर श्रोताओं के मन में स्थापित करने के लिए कल्पना की ऊँची उड़ाने भरनी पड़ती थी। लेकिन अब उन्हें इस तरह की काल्पनिक दिमागी कसरत करने की जरूरत नहीं पड़ेगी। क्योंकि अब उन्हें यह स्वयंभोगियों का जिन्दा इतिहास मिल गया है। यदि सही है तो आज के शूद्रादि-अतिशूद्रों के दिल और दिमाग अपने पूर्वजों की दास्तानें सुनकर पीड़ित होते होंगे, इसमें कुछ भी आश्चर्य नहीं होना चाहिए। क्योंकि हम जिनके वंश में पैदा हुए हैं, जिनसे हमारा खून का रिश्ता है उनकी पीड़ा से हमारा पीड़ित होना स्वाभाविक है।

किसी समय ब्राह्मणों की राज सत्ता में हमारे पूर्वजों पर जो भी कुछ ज्यादतियाँ

हुईं उनकी याद आते ही हमारा मन घबराकर थरथराने लगता है। मन में इस तरह के विचार आने शुरू हो जाते हैं कि, यदि जिन घटनाओं की याद भी हमें इतनी पीड़ादायी है, तो जिन्होंने इन अत्याचारों को सहा है उनके मन की उस समय की स्थिति किस प्रकार की रही होगी, यह तो वे ही जान सकते हैं। इसकी अच्छी मिसाल हमारे ब्राह्मण भाइयों के (धर्म) शास्त्रों में ही मिलती है। वह यह कि, इस देश के मूल निवासी क्षत्रिय लोगों के साथ ब्राह्मण-पुरोहित वर्ग के मुखिया परशुराम जैसे व्यक्ति ने कितनी क्रूरता बरती, यही इस ग्रन्थ में बताने का प्रयास किया गया है। फिर भी उसकी क्रूरता के बारे में इतना समझ में आया है कि, उस परशुराम ने कई क्षत्रियों को मौत के घाट उतार दिया था। और उस (ब्राह्मण) परशुराम ने क्षत्रियों की अनाथ हुई नारियों से उनके छोटे-छोटे चार-चार पाँच-पाँच माह के निर्दोष मासूम बच्चों को उनसे जबरदस्ती छीनकर अपने मन में किसी प्रकार की हिचकिचाहट न रखते हुए बड़ी क्रूरता से उनको मौत के हवाले कर दिया था। यह उस ब्राह्मण परशुराम का कितना जघन्य अपराध था। वह चण्ड इतना ही करके चुप नहीं रहा, उसने अपने पति की मौत से व्यथित कई नारियों को, जो अपने पेट के गर्भ की रक्षा करने के लिए बड़े दुखित मन से जंगलों-पहाड़ों में भागे जा रही थीं, उनका कातिल शिकारी की तरह पीछा करके, उन्हें पकड़कर लाता और प्रसूति के पश्चात् जब उसे यह पता चलता कि पुत्र की प्राप्ति हुई है, तो वह चण्ड होकर आता और प्रसूतिसुदा नारियों का कत्ल कर देता था। इस तरह की कथा ब्राह्मण ग्रन्थों में मिलती है। और जब ब्राह्मण लोग उनके विरोधी दल के थे तब उनसे उस समय की सही स्थिति समझ में आयेगी, यह तो हमें सपने में भी नहीं सोचना चाहिए। हमें लगता है कि ब्राह्मण ों ने उस घटना का बहुत बड़ा हिस्सा चुराया होगा। क्योंकि कोई भी व्यक्ति अपने मुँह से अपनी गलतियों को कहने की हिम्मत नहीं करता। उन्होंने उस घटना को अपने ग्रन्थ में लिख रखा है, यही बहुत बड़े आश्चर्य की बात है।

हमारे सामने यह सवाल आता है कि (ब्राह्मण) परशुराम ने इक्कीस बार क्षत्रियों को पराजित करके उनका सर्वनाश किया और उनकी अभागी नारियों के अबोध, मासूम बच्चों को भी कत्ल कर दिया, इसमें उसने बड़ा पुरुषार्थ किया और उसकी यह बहादुरी बाद में आने वाली पीढ़ियों को भी मालूम हो इसलिए ब्राह्मण ग्रन्थकारों ने इस घटना को अपने धर्म शास्त्रों में लिख रखा है। लोगों में एक कहावत प्रचलित है कि हथेली से सूरज को नहीं ढका जा सकता। उसी प्रकार यह हकीकत जब कि उनको शरमिन्दा करने वाली थी, फिर भी उसकी इतनी प्रसिद्धि हुई थी कि, उनसे उस घटना पर जितना परदा डालना सम्भव हो उन्होंने उतनी कोशिश की, और जब कोई इलाज ही नहीं बचा तब उन्होंने उस घटना को लिखकर रख दिया। हाँ, ब्राह्मणों ने इस घटना की जितनी हकीकत लिखकर रख दी, उसी के बारे में यदि कुछ सोच-विचार किया जाये तो मन को बड़ी पीड़ा होती है, क्योंकि परशुराम ने

जब उन क्षत्रिय गर्भधारिणी नारियों का पीछा किया तब उन गर्भिणियों को कितनी यातनाएँ सहनी पड़ी होंगी? पहली बात तो यह कि नारियों को दौड़-भाग करने की आदत बहुत कम होती है। उसमें भी कई नारियाँ मोटी और कुलीन होने की वजह से जिनकी अपने घर की देहलीज पर चढ़ना भी मालूम नहीं था, घर के अन्दर उन्हें जो कुछ भी लगता था, वह सब नौकर लोग लाकर देते थे। मतलब जिन्होंने बड़ी सफलता से उनकी छत्रछाया में अपने जीवन का पालन-पोषण किया था, उन पर अब अपने पेट के गर्भ के बोझ को लेकर सूरज की चिलचिलाती धूप में टेढ़े-मेढ़े रास्तों से भागने की मुसीबत आयी। इसका मतलब यह है कि वे भयंकर विपत्ति की शिकार थीं। उनको दौड़-भाग करने की आदत बिल्कुल ही नहीं होने की वजह से पाँव को पाँव टकराते थे और कभी धड़ल्ले से चट्टान पर, तो कभी पहाड़ की खाइयों में गिरती होंगी। उससे कुछ नारियों के माथे पर, कुछ नारियों के कुहनी को, कुछ नारियों के घुटनों को और कुछ नारियों के पाँव को ठेस-खरोंच लगकर खून की धाराएँ बहती होंगी। और परशुराम पीछे-पीछे दौड़ कर आ रहा है यह सुनकर और भी भागने-दौड़ने लगती होंगी। रास्ते से भागते-दौड़ते समय उनके नाजुक पाँवों में काँटे, कंकड़ चुभते होंगे। कँटीले पेड़-पौधों से उनके बदन के कपड़े भी फट गये होंगे और उन्हें काँटे भी चुभते होंगे। उसकी वजह से उनके नाजुक बदन से लहू भी बहता होगा। चिलचिलाती धूप में भागते-भागते उनके पाँव में छाले भी पड़ गये होंगे। और कमल के डंठल के समान नाजुक नीलवर्ण कांति मुरझा गयी होगी। उनके मुँह से फेन बहता होगा। उनकी आँखों में आँसू भर आये होंगे। उनके मुँह ने एक-एक दिन, दो-दो दिन पानी भी नहीं छुआ होगा। इसलिए बेहद थकान से पेट का गर्भ पेट में ही शोर मचाता होगा। उनको ऐसा लगता होगा कि यदि अब धरती फट जाय तो कितना अच्छा होता। मतलब उसमें हम अपने आप को झोंक देते और इस चण्ड से मुक्त हो जाते। ऐसी स्थिति में उन्होंने आँखें फाड़-फाड़ कर भगवान की प्रार्थना निश्चित रूप से की होगी कि, "हे भगवान! तूने हम पर यह क्या स्थिति ढहायी है? हम स्वयं बलहीन हैं, इसलिए हमको अबला कहा जाता है। हमें हमारे पतियों का जो कुछ बल प्राप्त था वह भी इस चण्ड ने छीन लिया है। यह सब आपको मालूम होने पर भी तू बुजदिल होकर कायर की तरह हमारे कितने इम्तिहान ले रहा है। जिसने हमारे शौहर को जान से मार डाला और हम अबलाओं पर हथियार उठाये हुए हैं और इसी में जो अपना पुरुषार्थ समझता है ऐसे चण्ड के अपराधी के अपराधों को देखकर तू समर्थ होने पर भी मुँह में उँगली दबाये पत्थर जैसा बहरा-अन्धा क्यों बना बैठा है?" इस तरह वह नारियाँ बेसहारा होकर किसी के सहारे की तलाश वाला मुँह किये ईश्वर की याचना कर रही थी। उसी समय चण्ड परशुराम ने वहाँ पहुँचकर उन अबलाओं को नहीं भगाया होगा? फिर तो उनकी यातनाओं की कोई सीमा ही नहीं रही होगी। उनमें से कुछ नारियों

ने बेहिसाब चिल्ला-चिल्लाकर, चीख-चीख कर अपनी जान नहीं गँवायी होगी? और शेष नारियों ने बड़ी विनम्रता से उस चण्ड परशुराम से दया की भीख नहीं माँगी होगी कि "हे परशुराम, हम आपसे इतनी ही दया की भीख माँगना चाहते हैं कि, हमारे गर्भ से पैदा होने वाले अनाथ बच्चों की जान बख्शो, हम सभी आपके सामने इसी के लिए अपना आँचल पसार रहे हैं। आप हम पर इतना ही दया करो। अगर आप चाहते हो तो हमारी जान भी ले सकते हो। लेकिन हमारे इन मासूम बच्चों की जान न लो। आपने हमारे शौहर को बड़ी बेरहमी से मौत के घाट उतार दिया है, इसीलिए हमें बेसमय वैधव्य प्राप्त हुआ है। और अब हम सभी प्रकार के सुखों से कोसों दूर चले गये। अब हमें आगे बाल बच्चे होने की कोई भी उम्मीद नहीं रही। अब हमारा सारा ध्यान इन बच्चों की ओर लगा हुआ है। अब हमें इतना ही सुख चाहिए। हमारे सुख की आशास्वरूप हमारे ये जो मासूम बच्चे हैं, उनको भी जान से मार कर हमें आप क्यों तड़फड़ाते देखना चाहते हों? हम आपसे इतनी ही भीख माँगना चाहते हैं। वैसे तो हम आपके ही धर्म की सन्तान हैं। किसी भी तरह से क्यों न हो आप हम पर रहम कीजिए।" इतने करुणापूर्ण, भावपूर्ण शब्दों से उस चण्ड परशुराम का दिल कुछ न कुछ तो पिघल जाना चाहिए था। लेकिन आखिर पत्थर ही साबित हुआ। वह उन्हें प्रसूत हुए देखकर उनसे उनके नवजात शिशु छीनने लगा। तब वह उन नवजात शिशुओं की रक्षा के लिए उन पर औंधी गिर पड़ी होंगी और गर्दन उठाकर कह रही होंगी कि, "हे परशुराम, आपको यदि इन नवजात शिशुओं की जान ही लेनी है तो सबसे पहले यही बेहतर होगा कि हमारे सिर कटवा लो, फिर हमारे पश्चात् आप जो भी करना चाहो सो कर लो। किन्तु हमारी आँखों के सामने हमारे इन नन्हे-मुन्हे बच्चों की जान न लो।" लेकिन कहते हैं न कुत्ते की दुम टेढ़ी की टेढ़ी ही रहती है। उसने उनकी कुछ न सुनी। यह कितनी निचता! उन नारियों की गोद में खेल रहे उन नवजात शिशुओं को जबरदस्ती छीन लिया गया होगा, तब उन्हें जो यातनाएँ हुई होंगी, जो मानसिक पीड़ाएँ हुई होंगी, उस स्थिति को शब्दों में व्यक्त करने के लिए हमारे हाथ की कलम भी थरथराने लगती है। ख़ैर उस जल्लाद ने उन नवजात शिशुओं की जान उनकी माताओं की आँखों के सामने ली होगी। उस समय कुछ माताओं ने अपनी छाती को पीटना, बालों को नोचना और जमीन को कुरेदना शुरू कर दिया होगा। उन्होंने अपने ही हाथ से अपने मुँह में मिट्टी के ढेले ठूँसठूँस कर अपनी जान भी गँवा दी होगी। कुछ माताएँ पुत्रशोक में बेहाश होकर गिर पड़ी होंगी, उनके होश-हवास भूल गये होंगे। कुछ माताएँ पुत्र शोक के मारे पागल-सी हो गयी होंगी कि "हाय मेरा बच्चा, हाय मेरा बच्चा", करते-करते दर-दर, गाँव-गाँव, जंगल-जंगल भटकती रही होंगी। लेकिन यह उम्मीद लगाये रहना फिजूल की बातें हैं कि इस तरह की सारी हकीकत हमें ब्राह्मण-पुरोहितों से मिल सकेगी।

इस तरह ब्राह्मण-पुरोहितों के पूर्वज, अधिकारी परशुराम ने सैकड़ों क्षत्रियों को

जान से मारकर उनके बीवी-बच्चों के भयंकर बुरे हाल किये और उसी को आज के ब्राह्मणों ने शूद्रादि-अतिशूद्रों का सर्व शक्तिमान परमेश्वर, सारी सृष्टि का निर्माता कहने के लिए कहा है, यह कितने बड़े आश्चर्य की बात है। परशुराम के पश्चात् ब्राह्मणों ने इन्हें कम परेशान नहीं किया होगा। उन्होंने अपनी ओर से जितना सताया जा सकता है उतना सताने की कोई कसर बाकी नहीं छोड़ी होगी। उन्होंने घृणा से इन लोगों में से अधिकांश लोगों के भयंकर बुरे हाल किये। उन्होंने इनमें से कुछ लोगों को इमारतों-भवनों की नींव में जिन्दा गाड़ देने में कोई आनाकानी नहीं की, इस बारे में इस ग्रन्थ में लिखा गया है।

ब्राह्मणों ने इन लोगों को इतना नीच समझा था कि, किसी समय कोई शूद्र नदी के किनारे अपने कपड़े धो रहा हो और इत्तफाक से वहाँ यदि कोई ब्राह्मण आ जाये, तो उस शूद्र को अपने सभी कपड़े समेटकर के बहुत दूर, जहाँ से ब्राह्मण के तन पर पानी का एक मामूली कतरा भी मूड़ने की कोई सम्भावना न हो, ऐसे पानी के बहाव की नीचे की जगह पर जाकर अपने कपड़े धोना पड़ता था। यदि वहाँ से ब्राह्मण के तन पर पानी की बूँद का एक कतरा भी छू गया, या उसको इस तरह का सन्देह भी हुआ, तो ब्राह्मण-पण्डा आग के शोले की तरह लाल हो जाता था और उस समय उसके हाथ में जो भी मिल जाये या अपने ही पास के बर्तन को उठाकर न आव देख न ताव देख उस शूद्र के माथे को निशाना बनाकर बड़े जोर से फेंक कर मारता था। उससे शूद्र का माथा खून से भर जाता था। वह शूद्र बेहोशी में जमीन पर गिर पड़ता था। फिर कुछ देर बाद उसे जब होश आता था तब वह अपने खून से भीगे हुए अपने कपड़ों को हाथ में लेकर बिना किसी शिकायत के, मुँह लटकाये अपने घर चला जाता था। यदि सरकार में शिकायत करे तो, चारों तरफ ब्राह्मणशाही का जाल फैला हुआ है। बल्कि शिकायत करने का खतरा यह रहता था कि खुद को ही सजा भोगने का मौका न आ जाये। अफसोस! अफसोस!! हे भगवान, यह कितना बड़ा अन्याय है।

ख़ैर, एक दर्दभरी कहानी है इसलिए कहना पड़ रहा है। किन्तु इस तरह की और इससे भी भयंकर घटनाएँ घटती थीं, जिसका दर्द शूद्रादि-अतिशूद्रों को बिना शिकायत के सहना पड़ता था। ब्राह्मणवादी राज्यों में शूद्रादि-अतिशूद्रों को व्यापार-वाणिज्य के लिए या अन्य किसी काम के लिए घूमना हो तो बड़ी कठिनाइयों का मुकाबला करना पड़ता था, बड़ी कठिनाइयाँ बर्दाश्त करनी पड़ती थीं। इनके सामने मुसीबतों का ताँता लग जाता था। उसमें भी एकदम सुबह के समय तो बहुत भारी दिक्कतें खड़ी जो जाती थीं। चूँकि उस समय सभी चीजों की छाया काफी लम्बी होती है। यदि ऐसे समय शायद कोई शूद्र रास्ते से जा रहा हो और सामने से किसी ब्राह्मण की सवारी आ रही है यह देखकर उस ब्राह्मण पर अपनी छाया न पड़े इस डर से कंपित होकर उसको पल दो पल अपना समय फिजूल बर्बाद करके रास्ते की एक

ओर होकर वहीं बैठ जाना पड़ता था। फिर उस ब्राह्मण के चले जाने के बाद उसको अपने काम के लिए निकलना पड़ता था। मान लीजिए कभी-कभार बगैर ख़याल के उसकी छाया उस ब्राह्मण पर पड़ी तो ब्राह्मण तुरन्त क्रोधित होकर चण्ड बन जाता था और उस शूद्र को मरते दम तक पीटता रहता था और उसी वक्त नदी पर जाकर स्नान कर लेता था।

शूद्रों में से कई लोगों को (जातियों को) रास्ते पर थूकने की भी मनाही थी। इसलिए उन शूद्रों को ब्राह्मणों की बस्तियों से गुजरना पड़ा तो अपने साथ थूकने के लिए मिट्टी के किसी एक बर्तन को रखना पड़ता था। मान लीजिए उसकी थूक जमीन पर पड़ गयी और उसको ब्राह्मण-पण्डा ने देख लिया तो उस शूद्र के दिन भर गये। अब उसकी ख़ैर नहीं। इस तरह ये लोग (शूद्रादि-अतिशूद्र जातियाँ) अनगिनत मुसीबतों को सहते-सहते मटियामेट हो गये। लेकिन अब हमें इसी बात का इन्तज़ार है कि, लोग इस नरक से भी बदत्तर जीवन से कब मुक्त होते हैं। जैसे किसी व्यक्ति ने बहुत दिनों तक जेल के अन्दर अपनी जिन्दगी गुजार दी हो, वह कैदी अपने साथी मित्रों से, बीवी-बच्चों से, भाई-बहनों से मिलने के लिए या स्वतन्त्र रूप से आजाद पँछी की तरह घूमने के लिए बड़ी उत्सुकता से जेल से मुक्त होने के दिन का इन्तजार करता है, उसी तरह का इन्तजार, इन लोगों को भी बेसब्री से होना स्वाभाविक ही है। ऐसे समय बड़ी खुश किस्मती कहिए, ईश्वर को उनकी दया आयी। इस देश में अंग्रेजों की सत्ता कायम हुई। और उनके द्वारा ये लोग ब्राह्मणशाही की शारीरिक गुलामी से मुक्त हुए। इसीलिए ये लोग अंग्रेजी राजसत्ता का शुक्रिया अदा करते हैं। ये लोग अंग्रेजों के इन उपकारों को कभी भूलेंगे नहीं। उन्होंने इन्हें आज सैकड़ों साल से चली आ रही ब्राह्मणशाही की गुलामी की फौलादी जंजीरों को तोड़कर के मुक्ति की राह दिखायी। उन्होंने इनके बीवी-बच्चों को सुख के दिन दिखाये। यदि वे यहाँ न आते तो ब्राह्मणों ने, ब्राह्मणशाही ने उन्हें कभी सम्मान और स्वतन्त्रता की जिन्दगी न गुजारने दी होती। इस बात पर कोई शायद इस तरह का सन्देह उठा सकता है कि, आज ब्राह्मणों की तुलना में शूद्रादि-अतिशूद्रों की संख्या करीबन दस गुना ज्यादा है। फिर भी ब्राह्मणों ने शूद्रादि-अतिशूद्रों को कैसे क्या मटियामेट कर दिया, कैसे क्या गुलाम बना लिया?

इस बात का जवाब यह है कि बुद्धिमान, चतुर आदमी दस अज्ञानी लोगों के दिलो-दिमाग को अपने पास गिरवी रख सकता है। उन पर अपना स्वामित्व लाद सकता है। और दूसरी भी बात यह है कि, वे दस अनपढ़ लोग यदि एक ही मत के होते तो उन्होंने उस बुद्धिमान, चतुर आदमी की दाल न गलने दी होती, एक न चलने दी होती। किन्तु वे दस लोग दस अलग-अलग मतों के होने की वजह से ब्राह्मणों-पुरोहितों जैसे धूर्त-पाखंडी लोगों को, उन दस भिन्न-भिन्न मतवादी लोगों को अपने जाल में फँसाने में कुछ भी कठिनाई न होती। उसी तरह शूद्रादि-अतिशूद्रों की

विचारप्रणाली, मत-मान्यताएँ एक-दूसरे से मेल-मिलाप करे इसलिए प्राचीन काल में ब्राह्मणों-पुरोहितों ने एक बहुत बड़ी धूर्ततापूर्ण और बदमाशी भरी विचारधारा खोज निकाली। उन शूद्रादि-अतिशूद्रों के समाज की संख्या जैसे-जैसे बढ़ने लगी वैसे-वैसे ब्राह्मणों में डर की भावना उत्पन्न होने लगी। इसीलिए उन्होंने शूद्रादि-अतिशूद्रों में आपस में घृणा और नफरत की भावना बढ़ती रहे इस बात की योजना तैयार की। उन्होंने समाज में प्रेम के बजाय जहर के बीज बोये। इसमें उनकी चाल यह थी कि यदि शूद्रादि-अतिशूद्र (समाज) आपस में लड़ते-झगड़ते रहेंगे तब कहीं यहाँ अपने टिके रहने की बुनियाद मजबूत रहेगी। और हमेशा-हमेशा के लिए वे लोग वंशपरम्परा से अपनी और अपने वंशजों की गुलामी में रह कर हम लोगों को बगैर मेहनत के उनके पसीने से प्राप्त कमाई पर बगैर किसी रोक-टोक के गुलछर्रे उड़ाने का मौका मिलेगा। अपनी इस चाल, विचारधारा को कामयाबी देने के लिए जातिभेद की फौलादी जहरीली दीवारें खड़ी करके, उन्होंने इसके समर्थन में अपने जाति स्वार्थ सिद्धि के कई ग्रन्थ लिख डाले।

उन्होंने इन ग्रन्थों के माध्यम से अपनी बातों को अज्ञानी लोगों के दिलो-दिमाग पर पत्थर की लकीर की तरह लिख दिया। उनमें से कुछ लोग जो ब्राह्मणों के विरोध में बड़ी कड़ाई और जिद से लड़े उनका उन्होंने एक वर्ग ही अलग कर दिया। उनसे पूरी तरह बदला चुकाने के लिए उनको और उनकी जो बाद की सन्तान होगी उनको उन्हीं लोगों ने मतलब फिलहाल जिनको माली, कुणबी, (कुर्मी आदि) कहा जाता है, उन्होंने एक-दूसरे को छूना नहीं चाहिए, ब्राह्मण-पण्डा, पुरोहितों ने एक तरह की जहरीली बातें उनके दिलो-दिमाग में भर दीं। जब यह हुआ तब इसका परिणाम यह हुआ कि उनका आपसी मेल-मिलाप बन्द हो गया। और वे लोग अनाज के एक-एक दाने के लिए मोहताज हो गये। इसलिए इन लोगों को जीने के लिए मरे हुए जानवरों का मांस मजबूर होकर खाना पड़ा। उनके इस आचार-व्यवहार को देखकर आज के शूद्र जो बहुत ही अहंकार से अपने आप को माली, कुणबी, सुनार, दरजी, लुहार, बढ़ई, (तेली, कुर्मी) आदि बड़ी-बड़ी संज्ञाएँ लगाते हैं क्योंकि वे लोग केवल इस प्रकार का व्यवसाय करते हैं। कहने का मतलब यह है कि, वे ही लोग अपने पूर्वज एक ही घराने के होते हुए भी, आपस में लड़ते झगड़ते हैं और एक-दूसरे को नीच समझते हैं। इन सब लोगों के पूर्वज स्वदेश के लिए ब्राह्मणों से बड़ी जिद से, बड़ी निर्भयता से लड़ते रहे, इसका परिणाम यह हुआ कि ब्राह्मणों ने इन सबको समाज के निचले स्तर पर लाकर रख दिया। और दर-दर का भिखारी बना दिया।

लेकिन अफसोस यह है कि इसका रहस्य किसी की समझ में नहीं आ रहा है। इसीलिए ये लोग ब्राह्मण-पण्डा-पुरोहितों के बहकावे में आकर आपस में नफरत करना सीख गये। अफसोस! अफसोस!! ये लोग भगवान की निगाह में कितने बड़े अपराधी हैं! इन सबका आपस में इतना बड़ा नजदीकी सम्बन्ध होने पर भी

किसी त्यौहार को ये उनके दरवाजे पर दूर से ही पका-पकाया भोजन माँगने के लिए आते हैं तो वे लोग उनको नफरत की निगाह से देखते हैं। और कभी-कभी तो हाथ में डण्डा लेकर इन्हें मारने के लिए भी दौड़ते हैं। खैर इस तरह जिन लोगों ने ब्राह्मण-पण्डा-पुरोहितों से जिस-जिस तरह से संघर्ष किया उनसे उन्होंने उनके अनुसार उनको जातियों में बाँट कर एक तरह से सजा सुना दी है। या जातियों को दिखावटी आधार देकर सभी को पूरी तरह से गुलाम बना लिया। ब्राह्मण-पण्डा-पुरोहित सबमें सर्वश्रेष्ठ और सर्वाधिकार सम्पन्न हो गये, है न मजे की बात! जब से ब्राह्मणों ने शूद्रादि-अतिशूद्रों में जातिभेद की भावना को पैदा किया, बढ़ावा दिया तब से उन सभी के दिलो-दिमाग आपस में उलझ गये और नफरत से अलग-अलग हो गये। ब्राह्मण-पुरोहित अपने षड्यन्त्र में कामयाब हुए। उनको अपना मनचाहा व्यवहार करने की पूरी स्वतन्त्रता मिल गयी। इस बारे में एक कहावत प्रसिद्ध है कि, "दोनों का झगड़ा और तीसरे का लाभ" मतलब यह है कि ब्राह्मण-पण्डा-पुरोहितों ने शूद्रादि-अतिशूद्रों में आपस में नफरत के बीज जहर की तरह बो दिये और खुद उन सभी की मेहनत पर ऐशो आराम भोग रहे हैं।

संक्षेप में, ऊपर कहा ही गया है कि, इस देश में अंग्रेज सरकार आने की वजह से शूद्रादि-अतिशूद्रों की जिन्दगी में एक नयी रोशनी आयी, ये लोग ब्राह्मणों की गुलामी से मुक्त हुए, यह कहने में किसी भी प्रकार का संकोच नहीं है, फिर भी हम को यह कहने में बड़ा दर्द होता है कि, अभी भी हमारी इस दयालु सरकार ने शूद्रादि-अतिशूद्रों को शिक्षित बनाने की दिशा में गैर-जिम्मेदारीपूर्ण रवैया अखतियार करने की वजह से ये लोग अनपढ़ ही रहे। ये लोग शिक्षित, पढ़े-लिखे बन जाने की वजह से ब्राह्मणों के नकली-पाखंडी (धर्म) ग्रन्थों के, शास्त्र-पुराणों के अन्ध भक्त बनकर मन से, दिलो-दिमाग से गुलाम ही रहे। इसलिए उन्हें सरकार के पास जाकर कुछ फरियाद करके न्याय माँगने का कुछ आधार ही नहीं रहा है। ब्राह्मण-पण्डा-पुरोहित लोग अंग्रेज सरकार और अन्य सभी जाति के लोगों के पारिवारिक और सरकारी कामों में कितनी लूट-खसोट कर के खाते हैं, गुलछर्रे उड़ाते हैं इस बात की ओर हमारी अंग्रेज सरकार का अभी तक कोई ध्यान ही नहीं गया है। इसलिए हम चाहते हैं कि अंग्रेज सरकार को सभी जनों के प्रति समानता का भाव रखना चाहिए। और उन तमाम बातों की ओर ध्यान देना चाहिए कि, जिससे शूद्रादि-अतिशूद्र समाज के लोग ब्राह्मणों की मानसिक गुलामी से मुक्त हो सकें। अपनी इस सरकार से हमारी यही प्रार्थना है।

इस किताब को लिखते समय मेरे मित्र विनायकराव बापजी भण्डारकर और सा. राजन्नलिंगु आदि ने मुझे जो उत्साह दिया, उसके लिए मैं उनको बहुत-बहुत धन्यवाद देता हूँ।

ज्योतिराव गोविन्दराव

(ब्राह्मणवादी धर्म की छत्रछाया में)

गुलामगिरी

(सभ्य अंग्रेजों के राज में)

ज्योतिराव और धोंडिराव

परिच्छेद : एक

ब्रह्मा की व्युत्पत्ति, सरस्वती और इराणी या आर्य लोगों के सम्बन्ध में।

धोंडिराव–पश्चिमी देशों के अंग्रेज, फ्रेंच आदि दयालु, सभ्य राज्यकर्ताओं ने इकट्ठा होकर गुलामी प्रथा पर कानूनन रोक लगा दी है। इसका मतलब यह है कि, उन्होंने ब्रह्मा के (धर्म) नीति-नियमों को ठुकरा दिया है। क्योंकि मनुसंहिता में लिखा गया है कि, ब्रह्मा (विराट पुरुष) ने अपने मुँह से ब्राह्मण वर्ण को पैदा किया है। और उसने इन ब्राह्मणों की सेवा (गुलामी) करने के लिए ही अपने पाँव से शूद्रों को पैदा किया है।

ज्योतिराव–अंग्रेज आदि सरकारों ने गुलामी प्रथा पर पाबन्दी लगा दी है, इसका मतलब ही यह है कि उन्होंने ब्रह्मा की आज्ञा को ठुकरा दिया है, यही तेरा कहना है न। इस दुनिया में अंग्रेज आदि कई प्रकार के लोग रहते हैं, उनको ब्रह्मा ने अपनी कौन-कौन-सी इन्द्रियों से पैदा किया है? और इस सम्बन्ध में मनुसंहिता में क्या-क्या लिखा गया है?

धोंडिराव–इसके सम्बन्ध में सभी ब्राह्मण मतलब बुद्धिमान और बुद्धिहीन यह जवाब देते हैं कि, अंग्रेज आदि लोग अधम, दुराचारी होने की वजह से उन लोगों के बारे में मनुसंहिता में कुछ भी लिखा नहीं गया।

ज्योतिराव–तुम्हारे इस तरह के कहने से यह पता चलता है कि, ब्राह्मणों में अधम, नीच, दुराचारी लोग बिल्कुल हैं ही नहीं?

धोंडिराव–अनुभव से यह पता चलता है कि, अन्य लोगों की तुलना में ब्राह्मण में सबसे ज्यादा अधम, नीच, दुष्ट और दुराचारी लोग हैं।

ज्योतिराव–फिर यह बताइये कि इस तरह अधम, नीच, दुष्ट, दुराचारी ब्राह्मणों के बारे में मनु की संहिता में किस प्रकार से लिखा गया है?

धोंडिराव–इस बात से यह प्रमाणित होता है कि मनु ने अपनी संहिता में जो व्युत्पत्ति सिद्धान्त प्रतिपादित किया है वह एकदम तथ्यहीन, निराधार है। क्योंकि उनका वह सिद्धान्त सारे मानव समाज पर लागू नहीं होता।

ज्योतिराव–इसीलिए अंग्रेज आदि लोगों के जानकारों ने ब्राह्मण ग्रन्थकर्ताओं की बदमाशी को पहचानकर गुलाम बनाने की प्रथा पर कानूनन पाबन्दी लगा दी।

यदि यह ब्रह्मा तमाम मानव समाज की व्युत्पत्ति के लिए सही में कारण होता तो उन्होंने गुलामी प्रथा पर पाबन्दी ही नहीं लगायी होती। मनु ने चार वर्णों की उत्पत्ति लिखी है। यदि इस व्युत्पत्ति को कुल मिलाकर सभी सृष्टि क्रमों से तुलना करके देख लिया जाये तो वह आपको पूरी तरह से तथ्यहीन, निराधार ही दिखायी देगी।

धोंडिराव—मतलब यह किस प्रकार से?

ज्योतिराव—ब्राह्मणों का कहना है कि ब्राह्मण ब्रह्मा के मुख से पैदा हुए लेकिन कुल मिलाकर सभी ब्राह्मणों की आदि माता ब्राह्मणी ब्रह्मा के किस अंग से उत्पन्न हुई, इसके बारे में मनु ने अपनी संहिता में कुछ भी नहीं लिख रखा है। आखिर यह ऐसा क्यों?

धोंडिराव—क्योंकि वह उन विद्वान ब्राह्मणों के कहने के अनुसार मूर्ख, दुराचारी होगीं। इसलिए फिलहाल उसे म्लेच्छ[1] या विधर्मियों की पंक्ति में रख दिया जाय।

ज्योतिराव—हम भूदेव हैं, हम सभी वर्णों में श्रेष्ठ हैं, इसे हमेशा बड़े गर्व से कहने वाले इन ब्राह्मणों को जन्म देने वाली आदि माता ब्राह्मणी ही है न? फिर तू उसको म्लेच्छों की पंक्ति में किसलिए रखता है? उसको वहाँ की शराब और गोमांस की बदबू कैसे पसन्द आयेगी? बेटे, तू यह बड़ी गलत बात कह रहा है।

धोंड़ीराव—आप ही कई बार सरेआम सभाओं में, व्याख्यानों में कहते हैं कि, ब्राह्मणों के आदिवंशज जो ऋषि थे वे श्राद्ध[2] के बहाने गौ की हत्या करके गाय के मांस के कई प्रकार के पदार्थ बनवाकर खाते थे। और अब आप कहते हैं कि, उनकी आदिमाता को बदबू आयेगी, इसका मतलब क्या है? आप अंग्रेजी राज के दीर्घजीवी होने की कामना कीजिए। और कुछ दिन के लिए रुक जाइये। तब आपको दिखाई देगा कि, आज के अधिकांश मांगलिक[3] भिक्षुक ब्राह्मण इस तरह का प्रयास करेंगे कि, रेसिडेण्ट, गवर्नर आदि अधिकारियों की हम पर ज्यादा से ज्यादा मेहरबानी हो इसलिए ये ब्राह्मण उनकी मेज पर के बचेखुचे गोश्त के टुकड़े बुटलेर[4] को भी मिलने नहीं देंगे। क्या आपको यह मालमू नहीं कि अब तो कई महार बुटलेर ब्राह्मणों के नाम से अन्दर ही अन्दर फुसफुसाने लगे हैं? मनु महाराज ने ही आदि ब्राह्मणी की व्युत्पत्ति के बारे में कुछ भी नहीं लिखा है। इसलिए इस दोष की सारी जिम्मेदारी उसी के सिर पर डाल दो। उसके बारे में आप मुझे क्यों दोष दे रहे हैं कि मैं गलत-सलत बोल रहा हूँ? छोड़िये इन बातों को आगे बताइये।

ज्योतिराव—अच्छा, जैसी आपकी इच्छा, वही सच क्यों न हो। अब ब्राह्मण को पैदा करने वाले ब्रह्मा को जो मुँह है वह हर माह मासिक धर्म (माहवार) आने पर तीन-चार दिन के लिए अपवित्र (बहिष्कृत) होता था या लिंगायत[5] नारियों की तरह भस्म लगाकर पवित्र (शुद्ध) होकर घर के कामधन्धे में लग जाता था, इस बारे में मनु ने कुछ लिखा भी है या नहीं?

धोंडिराव—नहीं। किन्तु ब्राह्मणों की उत्पत्ति का आदि कारण ब्रह्मा ही है। और उसको लिंगायत नारी का उपदेश क्या उचित लगा होगा? क्योंकि आज के ब्राह्मण

लोग लिंगायतों से इसलिए घृणा करते हैं क्योंकि वे इसमें छुआछूत नहीं मानते।

ज्योतिराव—इससे तू ही सोच सकता है कि, ब्राह्मण का मुँह, बाँहें, जाँघें और पाँव इन चार अंगों की योनि माहवार (रजस्वला) के कारण उसको कुल मिलाकर सोलह दिन के लिए अशुद्ध होकर दूर-दूर रहना पड़ता होगा। फिर सवाल पैदा होता है कि उसके घर का कामधन्धा कौन करता होगा? क्या मनु महाराज ने अपनी मनु-स्मृति में इसके सम्बन्ध में कुछ लिखा भी है या नहीं?

धोंडिराव—नहीं।

ज्योतिराव—अच्छा। वह गर्भ ब्रह्मा के मुँह में जिस दिन से ठहरा उस दिन से लेकर नव माह का होने तक किस जगह पर रहकर बढ़ता रहा, इस बारे में मनु ने कुछ कहा भी है या नहीं?

धोंडिराव—नहीं।

ज्योतिराव—अच्छा। फिर जब वह ब्राह्मण बालक पैदा हुआ उस नवजात शिशु को ब्रह्मा ने अपने स्तन का दूध पिलाया या बाहर का दूध पिलाकर छोटे से बड़ा किया, इस बारे में भी मनु महाराज ने कुछ लिखा भी है या नहीं?

धोंडिराव—नहीं।

ज्योतिराव—सावित्री ब्रह्मा की औरत होने पर भी उसने (ब्राह्मणों ने) नवजात शिशु के गर्भ का बोझ अपने मुँह में नव माह तक सँभालकर उसे जन्म देने का और उसकी देखभाल करने का झमेला अपने माथे पर क्यों ले लिया? यह कितना बड़ा आश्चर्य है।

धोंडिराव—उसके (ब्रह्मा के) शेष तीन सिर इस झमेले से दूर थे या नहीं? आपकी राय इस मामले में क्या है? उस रंडीबाज को इस तरह से माँ बनने की इच्छा क्यों पैदा हुई होगी?

ज्योतिराव—अब यदि उसे रंडीबाज कहा जाय जो उसने सरस्वती नाम की अपनी कन्या से ही सम्भोग (व्यभिचार) किया था। इसलिए उसका उपनाम बेटीचोद हो गया। इसी बुरे कर्म के कारण कोई भी व्यक्ति उसका मान-सम्मान (पूजा) नहीं कर रहा है।

धोंडिराव—यदि सचमुच में ब्रह्मा को चार मुँह होते तो उसी हिसाब से उसे आठ स्तन, चार नाभियाँ, चार योनियाँ, और चार मलद्वार होने चाहिए। किन्तु इस बारे में सही जानकारी देने वाले कोई लिखित प्रमाण नहीं मिल पाये हैं। फिर उसी तरह शेषनाग की शैया पर सोने वाले को लक्ष्मी नाम की स्त्री होने पर भी उसने अपनी नाभि से चार मुँह वाले बच्चे को कैसे पैदा किया? इस बारे में यदि सोचा जाये तो उसकी भी स्थिति ब्रह्मा की तरह ही होगी।

ज्योतिराव—वास्तव में, हर दृष्टि से सोचने के बाद हम इस निर्णय पर पहुँचते हैं कि, ब्राह्मण लोग समुद्र पार जो इराण नाम का देश है, वहाँ के मूल निवासी हैं। पहले के जमाने में उन्हें इराणी या आर्य कहा जाता था। इस मत का प्रतिपादन

कई अंग्रेजी ग्रन्थकारों ने उन्हीं के ग्रन्थों के आधार पर किया है। सबसे पहले उन आर्य लोगों ने बड़ी टोलियाँ बनाकर के इस देश में आकर कई बर्बर हमले किये और यहाँ के मूल निवासी राजाओं के प्रदेशों पर बार-बार हमले करके बड़ा आतंक मचाया था। फिर (बटू) वामन के बाद आर्य (ब्राह्मण) लोगों का ब्रह्मा नाम का मुख्य अधिकारी हुआ। उसका स्वभाव बहुत जिद्दी था। उसने अपने काल में यहाँ के हमारे आदिपूर्वजों को अपने बर्बर हमलों से पराजित कर उन्हें अपना गुलाम बनाया था। बाद में उसने अपने लोगों और उन गुलामों में हमेशा-हमेशा के लिए भेद-भाव बना रहे इसलिए कई प्रकार के नीति-नियम बनवाये। इन सभी घटनाओं की वजह से ब्रह्मा की मृत्यु के बाद आर्य लोगों का मूल नाम अपने आप लुप्त हो गया और उनका नया नाम पड़ गया 'ब्राह्मण'।

फिर मनु महाराज, जैसे (ब्राह्मण) अधिकारी हुए। उसने पहले से बने हुए और अपने बनाये हुए नीति-नियमों का क्षय बाद में भी कोई न कर पाये इस डर की वजह से ब्रह्मा के बारे में कई नयी-नयी तरह-तरह की कल्पनाएँ फैलायीं। फिर उन्होंने इस तरह के विचार उन गुलाम लोगों के दिलों-दिमाग में ठूँस-ठूँस कर भर दिये कि वह बातें ईश्वर की इच्छा से हुई हैं। इसलिए उन्होंने शेषनाग शैया की दूसरी अन्धी कथा (पुराण कथा) गढ़ी और समय देखकर कुछ समय के बाद उन सभी पाखण्डों के ग्रन्थ शास्त्र बनाये गये। उन ग्रन्थों के बारे में शूद्र गुलामों को नारद जैसे धूर्त, चतुर, सदा औरतों में रहने वाले छिछोरे ने तालियाँ पीट-पीट कर उपदेश करने की वजह से यूँ ही ब्रह्मा का महत्त्व बढ़ गया। अब हम इस ब्रह्मा के बारे में, शेषनाग शैया करने वाले के बारे में खोज करने लगें तो उससे हमें छदाम का फायदा तो होगा नहीं, बल्कि हम दोनों का कीमती समय व्यर्थ में खर्च होगा। क्योंकि उन्होंने जानबूझकर उस बेचारे को सीधा लेटा हुआ देखकर उसकी नाभि से यह चार मुँह वाले बच्चे को पैदा करवाकर निकलवाया। मुझे ऐसा लगता है कि पहले ही औधाचित हुए गरीब पर ऊपर से पाँव देना इसमें कुछ मजा नहीं है।

सन्दर्भ

1. अनार्य, वह मानव समाज है जो ब्राह्मणों के चातुर्वर्ण्य समाज से बाहर का है।
2. हिन्दुओं (ब्राह्मणों में) पितरों के सम्मान और उनकी तृप्ति के लिए शास्त्र के अनुसार या धार्मिक रस्म-रिवाजों के अनुसार किया जाने वाला धार्मिक विधि जैसे—तर्पण, पिण्डदान, ब्राह्मणों को भोजन कराना। श्राद्ध एक सांस्कृतिक परम्परा नहीं बल्कि हिन्दुओं की धार्मिक विधि है। इसका प्रारम्भ ब्राह्मण पुरोहितों ने अपने स्वार्थ के लिए किया था।
3. मांगलिक—मराठी में इसके लिए 'सोवळे-ओवळे' शब्द का प्रयोग किया गया जाता है।
4. बुटलेर—अंग्रेजों के घर खाना पकाने वाले—खानसामा।
5. लिंगायत—एक शैव सम्प्रदाय, जिसका जन्म दक्षिण भारत में हुआ है। ब्राह्मण लोग लिंगायतों से इसलिए घृणा करते हैं क्योंकि वे छुआछूत नहीं मानते।

परिच्छेद : दो

मत्स्य और शंखासुर के सम्बन्ध में।

धोंडिराव–इस देश में (बटू) वामन के पहले कुल मिलाकर इराण से आर्य लोगों के कितने जत्थे आये होंगे?

ज्योतिराव–इस देश में आर्य लोगों के कई जत्थे जल मार्ग से आये।

धोंडिराव–उनमें पहना जत्था जल मार्ग से लड़ाकू नौका से आया था या कैसे?

ज्योतिराव–लड़ाकू नौकाएँ उस काल में नहीं थी। इसलिए वे जत्थे छोटी-छोटी नौकाओं पर आये थे। और वह नौकाएँ मछलियों की तरह तेजी से पानी के ऊपर से चलती थीं। इसलिए उस जत्थे के अधिकारी का उपनाम मत्स्य हो गया होगा।

धोंडिराव–फिर ब्राह्मण इतिहासकारों ने भागवत आदि ग्रन्थों में इस तरह लिखा है कि इस जत्थे का मुखिया मत्स्य से पैदा हुआ था, इसका क्या मतलब होगा?

ज्योतिराव–उसके बारे में तू ही सोच कि, मनुष्य और मछली के इन्द्रियों में आहार में, निद्रा में, मैथुन में और पैदा होने की प्रक्रिया में कितना अन्तर है? उसी प्रकार उनके मस्तिष्क में, मेधा में, कलेजे में, फेफड़े में, अंतड़ियों में, गर्भ पालने-पोसने की जगह में, और प्रस्तुति होने के मार्ग में कितना चमत्कारिक अन्तर है। मनुष्य जमीन पर रहकर अपनी जिन्दगी बसर करने वाला प्राणी है। वह जरा-सी असावधानी से पानी में गिरने पर तैरना न आये तो डूबकर मर जाता है। किन्तु मछली हमेशा ही पानी में रहती है। लेकिन मछली को पानी से बाहर निकालकर जमीन पर रखते ही तिलमिलाकर मर जाती है। नारी स्वाभाविक रूप में एक समय एक ही बच्चे को जन्म देती है। लेकिन मछली सबसे पहले कई अण्डे देती है। उसके कुछ दिनों के बाद अण्डों को फोड़कर उसमें से अपने सभी बच्चों को बाहर निकालती है। अब जिस अण्डे में यह मत्स्य बालक था, उसको उसने पानी से बाहर निकालकर जमीन पर फोड़ा होगा और उस अण्डे से उसने इस मत्स्य बालक को बाहर निकाला होगा। ऐसा यदि कहा जाये, तो उस मछली की जान पानी से बाहर जमीन पर कैसे बची होगी? शायद उसने पानी में ही उस अण्डे को फोड़कर उस मत्स्य बालक को बाहर निकाला होगा। यदि यही कहा जाये तो उस मत्स्य मानव जैसे बालक की जान पानी

में कैसे बची होगी? कोई आदमी इस तरह का सन्देह उठा सकता है कि मनुष्यों में से किसी मँजे हुए गोताखोर ने पानी के अन्दर गहरी डुबकी लगाकर मत्स्य बालक जिस अण्डे में था उस अण्डे को पहचानकर वह उसको जमीन पर लाया होगा। खैर, यह भी सच मान लीजिए। लेकिन बाद में किस चतुर मर्द ने मछली के उस अण्डे को फोड़कर उसमें से मत्स्य बालक को बाहर निकाला होगा? क्योंकि यूरोप और अमेरिकी देशों में काफी विकास हुआ है और बड़े-बड़े ख्याति प्राप्त विद्वान चिकित्साशास्त्र में तज्ञ हुए हैं, फिर भी उनमें से किसी एक ने अपनी छाती पर हाथ रखकर यह दावा नहीं किया है कि, मैं मछली के अण्डे को फोड़कर के उसमें से बच्चे को जिन्दा बाहर निकाल देता हूँ। खैर, वह अण्डा पानी में है, इस तरह का महत्त्वपूर्ण सन्देश किस अमर मछली ने पानी से बाहर आकर उस गोताखोर को बताया होगा और उस जलचर सन्देशवाहक की भाषा मानव को कैसे समझ में आयी होगी? इस प्रकार की एक से अधिक शंकाओं का सही समाधान इतिहास के उन लेखों से होना बिल्कुल असम्भव है। इसलिए उसके बारे में यह अनुमान प्रमाणित होता है कि, बाद में कुछ मूर्ख लोगों ने मौका मिलते ही अपने प्राचीन ग्रन्थों में इस तरह की काल्पनिक कथाओं को घुसेड़ दिया होगा।

धोंड़ीराव—अच्छा, फिर सवाल यह आता है कि, उस जत्थे का नायक अपने लोगों के साथ किस जगह पर आकर रुका होगा?

ज्यातिराव—पश्चिम के समन्दर को पार करते हुए वह एक बन्दरगाह पर उतरा।

धोंडिराव—उस बन्दरगाह पर उतरने के बाद उसने क्या किया?

ज्यातिराव—उसने शंखासुर नाम के क्षेत्रपति को जान से मार डाला और उसके राज्य को छीन लिया। बाद में शंखासुर का वह राज्य बिना खतरे के मत्स्य के मरते समय तक आर्य लोगों के अधिकार में रहा। मत्स्य के मरते ही शंखासुर के लोगों ने अपना राज्य वापस लेने के उद्देश्य से इस मत्स्य के कबीले पर बड़ा ही खतरनाक करारा हमला बोल दिया।

धोंडिराव—बाद में इस करारे खतरनाक हमले का क्या परिणाम हुआ?

ज्योतिराव—उस करारे हमले में मत्स्य के कबीले की करारी हार हुई। इसलिए उसने युद्ध भूमि से ही भाग जाना बेहतर समझा और भाग निकला। बाद में शंखासुर के लोगों का उसका पीछा करने की वजह से वह अन्त में किसी पहाड़ी पर जाकर घने जंगल में छिप गया। उसी समय इराण से आर्य लोगों का दूसरा एक बड़ा कबीला कचवे से बन्दरगाह पर आ पहुँचा। और वे कचवे मछवे से कुछ बड़े होने की वजह से पानी पर कछुये की तरह धीरे-धीरे चल रहे थे। इसी की वजह से उस कबीले के मुखिया का उपनाम कच्छ हो गया।

परिच्छेद : तीन

कच्छ, भूदेव, भपति, क्षत्रिय, द्विज, और कश्यपराजा के सम्बन्ध में।

धोंडिराव–मछली और कछुआ इनमें सभी बातों में तुलना करने पर कुछ बातों में निश्चित रूप से फर्क दिखायी पड़ता है। लेकिन कुछ बातों में जैसे पानी में रहना, अण्डे देना, उन्हें फोड़ना आदि में उनमें समानता भी दिखायी देती है। इसलिए भागवत आदि पुराण कर्ताओं ने यह लिख रखा है कि कच्छ कछुये से पैदा हुआ है, इसके बारे में भी सोचने पर परिणाम मत्स्य जैसा ही होगा। और अपना सारा समय व्यर्थ में खर्च होगा, ऐसा मुझे लगता है। इसीलिए मैं आपसे आगे की बात पूछता हूँ कि कच्छ ने बन्दरगाह पर उतरने के बाद उन्होंने क्या किया?

ज्योतिराव–सबसे पहले उस बन्दरगाह की जिस पहाड़ी पर मत्स्यों का कबीला मुसीबत में पड़ गया था, उस पहाड़ी की एक ओर वाले किनारे से वहाँ के मूल क्षेत्रवासी लोगों को घेरने वाले लोगों के साथ सभी को भगाकर बाद में उसने अपने लोगों को मुक्त किया। और वह स्वयं उस क्षेत्र का भूदेव मतलब भूपति बन गया।

धोंडिराव–फिर जिनको कच्छ ने खदेड़ा था वे क्षत्रीय लोग किस ओर चले गये?

ज्योतिराव–जो विदेशी इराणी या आर्य लोगों का कबीला समुन्दर के रास्ते से आया देखकर, घबराकर "द्विज आये, द्विज आये" कहकर, चिल्लाते हुए पहाड़ी के उस पार जाकर कश्यप नाम के क्षेत्रपति के पीछे-पीछे निकले। कच्छ ने उनको इस तरह पीछे-पीछे जाते हुए देखकर अपने साथ कुछ फौज लेकर उस पहाड़ी के एक छोर से नीचे उतरा। उसने उस पहाड़ी को पीठ पर लेकर मतलब पीछे छोड़कर कश्यप के राज्य के क्षत्रियों को इराण की मदद से कष्ट देने लगा। बाद में कश्यप ने उस पहाड़ी को कच्छ से वापिस लेने के इरादे से बड़ी जंगी तैयारी की। लेकिन कच्छ ने अपनी मृत्यु तक उस पीछे छोड़ दिये गये पहाड़ी को उस क्षेत्रपति के हाथ नहीं लगने दिया और अपनी युद्ध भूमि छोड़कर एक कदम पीछे भी नहीं हट सका।

परिच्छेद : चार

वराह और हिरण्यगर्भ के सम्बन्ध में।

धोंडिराव—कच्छ के मरने के बाद द्विजों का मुखिया कौन हुआ?

ज्योतिराव—वराह।

धोंडिराव—भागवत आदि इतिहासकारों ने यह लिखकर रखा है कि वराह की पैदाइश सूअर से हुई है। इसमें आपकी क्या मान्यता है?

ज्योतिराव—वास्तव में सही बात यह है कि, मनुष्य और सूअर में किसी भी दृष्टि से चमत्कारिक भिन्नता है। अपनी बात को अधिक स्पष्ट करने के लिए और तुम्हारा पूरा समाधान हो इसलिए यहाँ उदाहरण के तौर पर सिर्फ एक ही बात कहना चाहता हूँ कि वे अपने बच्चों को पैदा करने के बाद उनसे किस तरह का व्यवहार करते हैं। हमें देखना है। मनुष्य जाति की नारी अपने बच्चों को पैदा करते ही वह उस बच्चे को किसी भी तरह का कष्ट नहीं होने देती और उस बच्चे को पालती-पोसती है। लेकिन सूअरी कुतिया की तरह अपने पैदा किये पहले बच्चे को एकदम खा लेती है। उसके बाद दूसरे बच्चों को पैदा करती है। इससे यह सिद्ध होता है कि वराह की सूअरी माता ने सबसे पहले अपने सूअर जाति के बच्चे को खाकर बाद में उस मानक सूअर को पैदा किया होगा। किन्तु भागवत आदि ग्रन्थ कर्ताओं के अनुसार वराह तो आदिनारायण का अवतार होने की वजह से उसके सर्वज्ञता को और उसकी समान दृष्टि को दाग लगा या नहीं? क्योंकि वराह आदि-नारायण का अवतार होने की वजह से उसको पैदा करने वाली ने अपने बड़े सूअर भाई को मार के नहीं खाना चाहिए, इसलिए उसने इसके पहले कुछ भी बन्दोबस्त क्यों नहीं करके रखा था? हाय! पद्मा सुअरी वराह आदिनारायण की माँ ही तो है न? और उसने इस तरह से अपने नन्हे मुन्ने अबोध बालक की ही हत्या क्यों की? अब 'बालहत्या' शब्द का अर्थ सिर्फ बच्चों को जान से मारना इतना ही होता है, फिर वह बच्चा किसी का भी क्यों न हो? किन्तु उसने अपने पैदा किये हुए अबोध बच्चे की ही हत्या करके उसको खा लिया। इस तरह के अन्याय का अच्छा अर्थबोध हो ऐसा शब्द किसी शब्दकोश में खोजने से भी नहीं मिलेगा। यदि इसको डाकिनी कहा जाय तो डाकिन भी अपने बच्चों को नहीं खाती, यह एक पुरानी कहावत है। फिर उस

वराह की पद्मा माता ने इस तरह का अघोर कर्म करने की वजह से उसको जो नरक की यातनाएँ भोगना था उससे मुक्ति मिले इसलिए उसने कुछ पाप मुक्ति का कर्म किया हो इसका कहीं कोई जिक्र नहीं मिलता, इसका हमें बड़ा अफसोस होता है।

धोंडिराव—वराह की सूअरी माता का नाम यदि पद्मा था तो इससे यह सिद्ध होता है कि, उसके सूअर पति का दूसरा कुछ न कुछ नाम होना ही चाहिए या नहीं?

ज्योतिराव—पद्मा सूअरी के पति का नाम ब्रह्मा था।

धोंडिराव—इससे यही समझ में आ रहा है कि प्राचीनकाल में जानवर मनुष्यों की तरह आपस में एक दूसरे को ब्रह्मा, नारद और मनु इस तरह के नाम देते थे। उनके नाम इन गपाड़िया ग्रन्थकारों को कैसे समझ में आये होंगे? दूसरी बात यह है कि, पद्मा सूअरी ने वराह को उसके बचपन में अपने स्तन से दूध पिलाया ही होगा, इसमें कोई सन्देह नहीं। किन्तु बाद में कुछ साधारण बड़ा होते ही अपने ब्रह्मा नाम के पति को साथ में लेकर वराह के साथ गाँव के खँडहरों में बहुत कोमल फूलपौधों का चारा चरने की उसे आदत-सी लगी होगी और सारा मालपानी खा-पीकर तैयार भी हुई होगी या नहीं, यह तो वही वराह आदिनारायण ही जाने। इस तरह से उनके (धर्म) ग्रन्थों में कई तरह के महत्त्वपूर्ण सवालों के प्रमाण नहीं मिलते। इसलिए मुझे ऐसा लगता है कि, क्या यह सब झूठ है जो धर्मग्रन्थों में लिखा मिलता है कि वराह सूअरी से पैदा हुआ है। और इस तरह की झूठमूठ की बातें शास्त्रों में लिखते समय उस ग्रन्थकार को कुछ लज्जा भी क्यों नहीं आयी होगी?

ज्योतिराव—और यह कैसी बेतुकी बात है, तुम्हारे जैसे ही लोग उस तरह के झूठमूठ के ग्रन्थों की शिक्षा की वजह से ब्राह्मण-पण्डा-पुरोहितों के और उनकी सन्तानों के पाँवों को धोकर पानी भी पीते हैं। अब तुम ही बताओ, इसमें तुम निर्लज्ज हो या वे?

धोंडिराव—खैर इन बातों को अब छोड़ दीजिए। आपके ही कहने के अनुसार उस मुखिया का नाम वराह कैसे पड़ा?

ज्योतिराव—क्योंकि उसका स्वभाव, उसका आचार-व्यवहार, उसका रहन-सहन बहुत ही गन्दा होना चाहिए और वह जहाँ जाता था वहीं जंगली सूअर की तरह झपट कर के कामयाबी ही मिलाता होगा। इसी की वजह से महाप्रतापी जो हिरण्यगर्भ और हिरण्यकश्यप नाम के दो क्षत्रिय थे उन्होंने उसका नाम अपनी निषेध की भावना व्यक्त करने के लिए सूअर अर्थात वराह रखा। इसलिए वह और भी बौखला गया होगा और उसने अपने मन में उनके प्रति प्रतिशोध की भावना रखते हुए उनके प्रदेशों पर बार-बार हमले करके वहाँ के सभी क्षेत्रवासियों को तकलीफ देकर के अन्त में उसने एक युद्ध में (हिरण्याक्ष) हिरण्यगर्भ को मारा। इसका परिणाम यह हुआ कि देश के सभी क्षेत्रपतियों में घबराहट पैदा हो गयी और वे कुछ लड़खड़ाने लगे और इसी समय वराह मर गया।

परिच्छेद : पाँच

नरसिंह, हिरण्यकश्यप, प्रह्लाद, विप्र, विरोचन आदि के सम्बन्ध में।

धोंडिराव—वराह के मरने के बाद द्विज (ब्राह्मण) लोगों का मुखिया कौन हुआ?

ज्योतिराव—नरसिंह।

धोंडिराव—नरसिंह स्वभाव से कैसा था?

ज्योतिराव—नरसिंह स्वभाव से लालची, धोखेबाज, विश्वासघात करने वाला, विनाशकारी, क्रूर और भ्रष्ट था। वह शरीर से बहुत मजबूत और बहुत बलवान था।

धोंडिराव—उसने क्या-क्या किया था?

ज्योतिराव—सबसे पहले उसके मन में हिरण्यकश्यप की हत्या करने का विचार आया। उसने यह अच्छी तरह समझ लिया था कि उसकी हत्या किये बगैर उसका राज्य मुझे मिलने वाला नहीं। उसने अपना दुष्ट उद्देश्य सफल हो इसलिए बहुत दिनों तक गुप्त हरकतें करना शुरू कर दिया था। उसने अपने एक द्विज शिक्षक की ओर से हिरण्यकश्यप के प्रह्लाद नाम के बच्चे के अबोध मन पर अपने धर्म सिद्धान्त थोपने की वजह से प्रह्लाद ने अपने 'हरहर' नाम के कुल स्वामी की पूजा करना त्याग दिया था। बाद में हिरण्यकश्यप ने प्रह्लाद के भ्रष्ट हुए मन को पुनः अपने कुल स्वामी की पूजा करने के लिए अनुकूल करने की दृष्टि से हर तरह की कोशिश की। फिर भी नरसिंह की ओर से प्रह्लाद को भीतर से मदद होने के कारण हिरण्यकश्यप के सारे प्रयास बेकार गये। अन्त में नरसिंह ने उस अबोध बालक को अपने बहकावे में लाकर उसका मन इस तरह से भ्रष्ट किया कि उसे अपने पिता की हत्या करनी चाहिए। लेकिन इस तरह का अमानवीय कृत्य करने के लिए उस लड़के की हिम्मत ही नहीं हुई। इसलिए नरसिंह ने मौका देखकर ताजिया के बाघ के बनावटी स्वाँग की तरह अपने सारे बदन को रँगवाया, मुँह में बड़े-बड़े नकली दाँत लगवाये, और लम्बे-लम्बे बालों की दाढ़ी-मूँछें लगवायी और वह एक तरह से (नकली) महाभयंकर सिंह बन गया। यह सारा स्वाँग छिपाने के लिए नरसिंह ने जरी से बुनी हुई ऊँचे किस्म की साड़ी (पातल) पहन लिया। और सती की तरह अपने मुँह पर लम्बा-चौड़ा घूँघट डालकर बड़े ही नखरैल ढंग से झूमते हुए उस बच्चे

की मदद से एक दिन उसके पिता द्वारा बनवाये विशाल मन्दिर में जहाँ खम्बों का ताँता लगा हुआ था वहाँ जाकर छिपकर खड़ा रहा। इसी दरम्यान हिरण्यकश्यप ने सारे दिन का शासन सँभालते हुए थक जाने के बाद शाम होते ही अपने मन्दिर में एकान्त में आकर निर्भयता से आराम करने के उद्देश्य से पलँग पर लेटते ही नरसिंह ने बड़ी तेजी के साथ सिर का घूँघट खोलकर आँचल को कमर में लपेटकर उन खम्बों की गर्दी से निकलकर हिरण्यकश्यप के बदन पर कातिलाने ढंग से टूट पड़ा। उसने अपने हाथ की मुट्ठी में छिपाये हुए बघनखे से उसके पेट पर वार करके उसके पेट को फाड़ दिया, इस तरह उसने हिरण्यकश्यप की हत्या कर दी। बाद में नरसिंह वहाँ से सभी द्विजों को साथ लेकर रात और दिन एक करके अपने मुल्क में भाग गया। इधर नरसिंह ने प्रह्लाद को भूल भुलावे में रख दिया था। लेकिन जब उन्हें यह ध्यान में आया कि उसने इस तरह का अमानवीय कर्म किया है तब क्षत्रियों ने आर्य लोगों को द्विज कहना बिल्कुल त्याग दिया और उन्हें विप्रिय[1] कहने लगे। इसी विप्रिय शब्द के बाद में उनका नाम विप्र पड़ा होगा। बाद में क्षत्रियों ने नरसिंह को नारसिंह मतलब सिंह की औरत कहकर कोसना शुरू कर दिया। अन्त में हिरण्यकश्यप के बच्चों में से कइयों ने नरसिंह को पकड़कर उसको उचित दण्ड देने की कोशिश की, किन्तु नरसिंह ने हिरण्यकश्यप की राजसत्ता हड़पने की इच्छा छोड़कर केवल अपने मुल्क को और अपनी जान को सँभालते हुए किसी प्रकार का पुनः प्रयास न करते हुए मर गया।

धोंडिराव—फिर नरसिंह के इस तरह की अमानवीय करतूतों की वजह से उसके नाम को लेकर बाद में कोई उसकी थू-थू न करे इस डर से विप्र इतिहासकारों ने कुछ समय के बाद उचित समय को जानकर नरसिंह के बारे में यह सिद्ध करने की कोशिश की कि वह तो खम्बे से पैदा हुआ। इत तरह उसके नाम के साथ कई झूठमूठ की कल्पनाएँ गढ़कर इतिहास में घुसेड़ दी गयी होंगी।

ज्योतिराव—हाँ, इसमें भी कोई सन्देह नहीं। क्योंकि यदि वह खम्बे से पैदा हुआ था यह कहा जाये तब उसकी गर्भ की नाल दूसरे किस व्यक्ति ने काटी होगी और उसके मुँह में दूध का स्तन दिये बगैर वह कैसे जिया होगा? बाद में उसको किसी न किसी दाई का या बाहर का दूध पिलाये बगैर वह छोटे का बड़ा कैसे हुआ होगा? शायद वह भी हो सकता है, यदि यह कहा जाये, लेकिन सृष्टि में इस तरह से कुछ भी घटते हुए नहीं दिखायी देता। यह तो सृष्टि क्रम के विरोधी ही हैं। इन लापरवाह विप्र ग्रन्थकारों ने नरसिंह को एकदम लकड़ियों के खम्बों से पैदा करवाते ही उसने अन्य किसी की बगैर सहायता के अपने आप को इतना शक्तिशाली दाढ़ी-मूँछ वाला अक्ल का दुश्मन बना लिया कि, उसने तुरन्त ही हिरण्यकश्यप की हत्या कर डाली। हाय, जो पिता अपनी समझ के अनुसार पितृधर्म की भावना को अपने मन में जगाकर केवल शुद्ध ममता से अपने स्वयं के पुत्र का मन सच्चे धर्म

में लगाने की इच्छा से प्रयास कर रहा था, उसको उस सर्वसाक्ष आदिनारायण के अवतार ने इस तरह मार डालना क्या सही में उचित था? इस तरह का अमानवीय कुकर्म अज्ञानी मनुष्य का अवतार भी शायद ही करेगा। वह आदिनारायण का अवतार होने की वजह से उसने उस हिरण्यकश्यप को दर्शन देते ही यह विश्वास दिलाकर कि मैं आदिनारायण का अवतार हूँ, दोनों पिता-पुत्र में सलूक पैदा करने की बजाय, हिरण्यकश्यप की बड़ी बेरहमी से हत्या करना, यह कितने आश्चर्य की बात है। यदि उसको उस हिरण्यकश्यप का उपदेश समझ नहीं आया तो फिर वह सब की बुद्धि का दाता कैसे? इससे यह सिद्ध होता है कि, नरसिंह में अपने पूना शहर की किसी सामान्य स्त्री से भी ज्यादा अक्ल नहीं थी। क्योंकि जिसने, यहाँ के किसी एक प्रतिबृहस्पति कहलाने वाने एक विद्वान को केवल अपने मधुर शब्दों के मायाजाल में फँसाकर अपना गुलाम बना लिया। फिलहाल हिन्दुस्तान में अमेरिकी और यूरोपियन मिशनरियों ने यहाँ के अपने में से कई युवकों को ख्रिस्ती बना दिया था। किन्तु उनमें से किसी ने भी किसी (ख्रिस्ती) युवक के पिता की हत्या नहीं की, यह कितना बड़ा आश्चर्य है।

धोंडिराव—नरसिंह की इस तरह की दुर्दशा होने पर विप्रो (ब्राह्मणों) ने प्रह्लाद का राज्य लेने के लिए कुछ कोशिश भी की है या नहीं?

ज्योतिराव—विप्रों ने प्रह्लाद का राज्य हड़पने के लिए कई तरक के लुकेछिपे प्रयास किये। किन्तु उन लोगों को उसमें कोई कामयाबी नहीं मिली। चूँकि, बाद में प्रह्लाद की आँखें खुल गयीं और उसको विप्रों की कुटिलता स्पष्ट रूप से दिखाई देने लगी। तब से प्रह्लाद ने विप्रों पर किसी भी तरह का भरोसा करना छोड़ दिया। और सभी लोगों से केवल ऊपरी दिखावे का स्नेह रखकर वह अपने राज्य की उचित व्यवस्था, योग्य प्रतिबन्ध करके मर गया। उसके मरने के बाद उसी के बेटे विरोचन ने अपने राज्य को सँभालते हुए, उस राज्य को बलशाली बनाते हुए अन्तिम साँस ली। 'विरोचन का बेटा बलि' बहुत ही योद्धा निकला। उसने सबसे पहले अपने ही पड़ोस में रहने वाले छोटे-बड़े क्षेत्रपतियों को दुष्ट दंगाखोरों की परेशानी से मुक्त किया और उन पर अपना अधिकार कायम किया। बाद में उसने अपने राज्य को बढ़ाने की दिनों-दिन कोशिश की। उस समय विप्रों का मुखिया (बटू) वामन था। उसको यह सब बर्दाश्त नहीं हो रहा था। इसलिए उसने बलि का राज्य एकदम लड़-झगड़कर लेने के उद्देश्य से ही गुप्त रूप से बहुत बड़ी फौज तैयार की और अचानक बलि के राज्य की सीमा पर आ पहुँचा। वामन बहुत ही लोभी, साहसी और अड़ियल दिमाग वाला था।

सन्दर्भ

1. विप्रिय—अप्रिय, धोखेबाज, छली-कपटी, दुष्ट।

परिच्छेद : छह

बलि राजा, ज्योतिबा, मराठे, खण्डोबा, महासुभा, नव खण्डों का न्यायी, भैरोबा, सात आश्रम, डेरा डालना, रविवार को पवित्र मानना, वामन, श्राद्ध करना, विन्ध्यावली, घट रखना, बलि राजा की मृत्यु, सतीजाना, आराधी लोग, शिलंगण, भात का बलि राजा बनाना, दूसरे बलि राजा के आने का भविष्य, बाणासुर, कुजागरी, वामन की मृत्यु, उपाध्ये, होली, वीर पुरखों की भक्ति, बलिप्रतिपदा, भाईदूज आदि के सम्बन्ध में।

धोंडिराव—फिर बलि राज ने क्या किया?

ज्योतिराव—बलि राजा ने अपने राज्य के करीब-करीब सभी सरदारों की ओर और उनके पड़ोसी सभी क्षेत्रपतियों की ओर तुरन्त सांडनी सवार भेज दिये। और इस तरह की सख्त ताकीद दी कि उन सभी लोगों ने अन्य किसी भी तरह की दलील न देते हुए अपनी सारी फौज लेकर उसकी मदद के लिए आना चाहिए।

धोंडिराव—इस देश का इतना बड़ा प्रदेश बलि के अधिकार में था?

ज्योतिराव—इस देश में कई जगह पर कई प्रदेश बलि राजा के अधिकार में थे। यह भी कहा जाता है कि इसके अलावा सिंहलद्वीप आदि पड़ोसी देश के कई प्रदेश इनके अधिकार में थे। चूँकि वहाँ बलि नाम का एक द्वीप भी है। इस प्रदेश के दक्षिण में कोल्हापुर की पश्चिम दिशा में बलि के अधिकार में कोंकण और मावला[1] प्रदेश के कुछ क्षेत्र थे। वहाँ ज्योतिबा नाम का मुखिया था। उसके रहने का मुख्य स्थान कोल्हापुर के उत्तर में रत्नागिरी नाम का पहाड़ था, वहीं उनका स्थान था। उसी प्रकार दक्षिण में बलि के अधिकार में दूसरा और एक प्रदेश था, उसको महाराष्ट्र कहा जाता था। और वहाँ के सभी मूल क्षेत्रवासियों को महाराष्ट्री कहा जाता था। बाद में उसी का अपभ्रंश रूप हो गया मराठे। यह महाराष्ट्र प्रदेश बहुत बड़ा होने से बलि राजा ने उस प्रदेश को नव क्षेत्रों में बाँट दिया था। और इसी के कारण उस हर क्षेत्र के मुखिया का नाम खण्डोबा पड़ गया था, इस तरह का उल्लेख मिलता है। हर खण्ड के मुखिया की योग्यता के अनुसार उनके हाथ के नीचे कहीं एक तो कहीं दो प्रधान रहते थे। उसी प्रकार हर खण्डोबा के हाथ के नीचे बहुत

मल्ल (पहलवान) थे, इसलिए उसको मलूखान कहते हैं। उन नव में जेजोरी का खण्डोबा[2] एक था। यह खण्डोबा नाम का मुखिया अपने पास-पड़ोस के क्षेत्रपतियों के अधिकार में रहने वाले मल्लों को ठीक करके उन्हें अपने वर्चस्व में रखता था। इसलिए उसका दूसरा नाम मल्लअरी पड़ गया था। मल्हारी[3] इसी का अपभ्रंश है। उसकी यह विशेषता थी कि वह धर्म के अनुसार ही लड़ता था। उसने कभी भी किसी भी पीठ दिखाकर भागने वाले शत्रु पर वार नहीं किया। इसलिए उसका नाम मारतोण्ड पड़ गया था। जिसका अपभ्रंश मार्तण्ड[4] हो गया। उसी प्रकार वह दीन लोगों का दाता था। उसको गाने का बड़ा शौक था। उसके द्वारा स्थापित या उसके नाम पर प्रसिद्ध मल्हार राग है। यह राग इतना अच्छा है कि उसी के सहारे से मियाँ नाम का मुसलिमों में जो प्रसिद्ध गायक हो गया, उसने भी एक दूसरा मल्हार राग बनाया है। इसके अलावा बलि राजा ने महाराष्ट्र में महासूबा और नव खण्डों का न्यायी यह दो मुखिया वसूली और न्याय करने के लिए नियुक्त किये थे। उनके हाथ के नीचे अन्य कई मजदूर थे, इस प्रकार का भी उल्लेख मिलता है। फिलहाल उस महासूबे का अपभ्रंश म्हासोबा हुआ है। वह समय-समय पर सबके खेती-बाड़ी की जाँच-पड़ताल करता था। और उसी के आधार पर छूट सहूलियत देकर सभी को खुशहाल रखता था। इसीलिए फिलहाल मराठों में एक भी कुल (किसान) ऐसा नहीं मिलेगा कि जो अपनी खेती-बाड़ी की पार पर किसी भी पत्थर को महासूबे के नाम से सिन्दूर की लीपापोती कर के उसको उद जलाकर उसका नाम लिये बगैर खेत बोयेगा। वे तो उसका नाम लिए बगैर खेत को हसियाँ भी नहीं लगा सकते। उसके नाम का स्मरण किये बगैर खलिहान की राशि के ढेर को माप भी नहीं सकते। उस बलि राजा द्वारा सूबे (प्रदेश) बनाकर के किसानों से वसूली करने का तरीका यवन लोगों ने अपनाया होगा, इस प्रकार का तर्क दिया जा सकता है। क्योंकि उस समय यवन लोग ही नहीं बल्कि मिस्र के कई विद्वान यहाँ आकर ज्ञान पढ़कर जाते थे, इस तरह के प्रमाण मिलते हैं। तीसरी बात यह है कि, अयोध्या के पड़ोस में काशी क्षेत्र के इर्दगिर्द के कुछ क्षेत्र बलि राजा के अधिकार में थे। उस प्रदेश को दसवाँ खण्ड कहा जाता था। वहाँ के मुखिया का नाम कालभैरी था, इसके भी प्रमाण मिलते हैं। उसी प्रकार वह मुखिया पहले कुछ दिन काशी शहर का कोतवाल था। इसके भी प्रमाण मिलते हैं। वह गायन कला में इतना कुशल था कि, उसने अपने नाम पर एक स्वतन्त्र राग बनाया है। उस भैरव राग को तानसेन जैसे ख्यातिप्राप्त महागायक भी नतमस्तक हुए। उसने अपनी ही कल्पना से डौर नाम के वाद्य का भी निर्माण किया। इस डौर नाम के वाद्य की रचना इतनी विलक्षणीय है कि उसके ताल-सुर में मृदंग, तबला, आदि वाद्य भी उसकी बराबरी नहीं कर सकते। लेकिन उसकी ओर ध्यान न देने से उसको जिस प्रकार से प्रसिद्धि मिलनी चाहिए थी उस प्रकार की प्रसिद्धि नहीं मिल सकी। उसके जो सेवक हैं उन्हें भैरवाडी कहते थे, जिसका

अपभ्रंश भराड़ी है। इससे इस बात का पता चलता है कि बलि राजा का राज्य इस देश में आजपाल मतलब राजा दशरथ के पिता जैसे कई क्षेत्रपतियों के राज्य से भी बड़ा था। इसीलिए सभी क्षेत्रपति उसी की नीति का अनुसरण करते थे। इतना ही नहीं उनमें से सात क्षेत्रपति बलि राजा को लगान देकर उसी के आश्रय में रहते थे। इसीलिए उसका नाम सात आश्रित पड़ गया था, इस प्रकार का उल्लेख मिलता है। तात्पर्य, उक्त सभी कारणों से बलि का राज्य विशाल था और वह बहुत बलशाली था, इस बात को प्रमाणित करने वाली एक लोककहावत भी है। वह कहावत यह है कि, 'जिसकी लाठी उसकी भैंस' (बळी तो कान पिळी) इसका मतलब है, जो बलवान है उसी का राज। बलि राजा कुछ विशेष महत्त्वपूर्ण काम अपने सरदारों पर सौंप देता था। उस समय बलि राजा अपना दरबार भरवाता था। वहाँ सबके सामने एक उलथी थाली रख देता था। उस थाली में हल्दी का चूर्ण और नारियल के फल के साथ पान का बीड़ा रखवाकर कहता था कि, जिसमें इस काम को करने की हिम्मत है उसे यह पान का बीड़ा उठाना चाहिए। बलि राजा के इस तरह के कहने पर जिसमें इस तरह का काम करने की हिम्मत होती थी वही 'हर हर'[5] महाबीर की कसम खाकर हल्दी का तिलक माथे पर लगाकर नारियल और पान के बीड़े को भी हाथ में उठाकर अपने माथे पर रखकर बाद में अपने दुपट्टे में बाँध देता था। उसी वीर को बलि राजा उस काम की जिम्मेवारी सौंप देते थे। बाद में वह वीर बलि राजा की आज्ञा लेकर अपनी फौज के साथ पूरी शक्ति लगाकर शत्रु की फौज पर हमला बोल देते थे। इसी की वजह से उस संस्कार का नाम तड़ उठाना (तळ-उचलणे) पड़ा होगा। उसका अपभ्रंश 'तड़ी उठाना' (तळी उचलणे) हो गया। किन्तु बलि राजा के महावीरों में भैरोबा और ज्योतिबा तथा नवखण्डोबा अपनी रैयत की सुख-सुविधा के लिए इस तरह के शर्तिया प्रयास करते थे। इसीलिए सभी मराठों ने कोई भी अच्छा कार्य प्रारम्भ करने से पहले आज भी तड़ी उठाने का संस्कार करना शुरू ही रखा है। उन्होंने उस संस्कार में बहिरोबा को, ज्योतिबा को और खण्डोबा को देवता स्वरूप कबूल कर लिया और उनके नाम से तड़ी उठाने लगे। वे लोग ('हर हर महादेव' बहिरोबाचा अथवा ज्योतिबाचा चांग भला) इस प्रकार का युद्धघोष करते थे और बहिरोबा या ज्योतिबा का स्तुतिगान करते थे। जैसे सदानन्द का उदय और मल्लूखान का अहंकार, इतना ही नहीं बलि राजा अपनी सारी प्रजा के साथ महादेव के नाम से रविवार के दिन को पवित्र दिन के रूप में मानते थे। इसकी पृष्ठभूमि में आज के महाठे (मराठे) मतलब मातंग, महार, कुणबी और माली आदि लोग हर रविवार के दिन अपने-अपने घर के उस कुल स्वामी की प्रतिमा को जल स्नान करवाकर, उसको भोजन अर्पण करने के पहले, मतलब पकी रोटी का प्रसाद अर्पण किए बगैर वे अपने मुँह में पानी का एक बूँद भी नहीं डालते थे।

धोंडिराव—वामन ने बलि राजा के राज्य की सरहद पर आने के बाद क्या किया?

ज्योतिराव—वामन अपनी सारी फौज को लेकर बलि राजा के राज्य में सीधे-सीधे घुस गया। उसने बलि राजा की प्रजा को मारते-पीटते, खदेड़ते हुए हाहाकार मचा दिया था और वह इस तरह से बलि की राजधानी तक आ पहुँचा। इसलिए बलि ने अपनी देश भर में फैली हुई फौज को इकट्ठा होने से पहले ही, बेबस होकर अपनी निजी फौज को साथ लेकर वामन से मुकाबला करने के लिए युद्धभूमि पर उतर पड़ा। बलि राजा (बलि) भाद्रपद वदी 1 पद से वदी 30 तक हर दिन वामन और उसकी फौज के साथ लड़कर शाम को लौटकर आराम के लिए अपने महल में आता था। इसी की वजह से दोनों ओर के जितने लोग उस पखवाड़े में एक दूसरे से लड़ते हुए मर गये, उनके मरने की तिथियाँ ध्यान में रहीं। इसीलिए हर साल भाद्रपद माह में उस तिथि को श्राद्ध करने की परम्परा पड़ गयी होगी, इस तरह का तर्क निकलता है। बाद में आश्विन शुद्ध 1 पद से शुद्ध अष्टमी तक बलि राजा वामन के साथ लड़ाई में इतना व्यस्त था कि वह सब कुछ भूल गया था और उस दरमियान अपने महल में आराम के लिए भी नहीं जा सका। इधर बलि राजा की विन्ध्याचली रानी ने अपने हिजड़े पण्डे सेवक के द्वारा एक गड्ढा खुदवाया। उसने उसमें एक पण्डे सेवक के द्वारा जलावू लकड़ियाँ डलवायीं। और वह उस गड्ढे के पास आठ रात आठ दिन तक बिना कुछ खाये पीये बैठी रही। उसने वहाँ अपने साथ पानी का एक कलश रखा था। रानी इस तरह बिना खाये पीये पानी के सहारे इस कामना की पूर्ति के लिए इस गड्ढे के सामने आठ दिन तक बैठी कि इस युद्ध में उसके पति की विजय हो और वामन की बला टल जाये। इसलिए रानी यहाँ बैठकर महावीर की प्रार्थना कर रही थी। इसी दरम्यान अश्विन शुद्ध अष्टमी की रात में बलि राजा के युद्ध में मारे जाने की खबर मिलते ही उसने उस गड्ढे में पहले से ही रखी गयी लकड़ियों को आग लगाकर अपने आपको उसमें झोंक दिया। उसी दिन से सती होने की रूढ़ि चल पड़ी होगी, इस तरह का यह तर्क किया जा सकता है। जब रानी विन्ध्यावली अपने पति के बिछोह के कारण आग में कूदकर मर गयी, तब उसकी सेवा में रहने वाली औरतों ने, हिजड़े पण्डों ने अपने-अपने बदन के कपड़ों को नोच-नोच कर फाड़ डाला होगा और उस आग में जला दिया होगा। उन्होंने अपनी-अपनी छाती को पीटकर, जमीन पर अपने हाथों को पीटते हुए, तालियाँ पीटते हुए रानी के गुणों का वर्णन करते हुए उस गड्ढ़े के इर्दगिर्द घूमकर अपना शोक प्रकट किया होगा कि 'हे रानी! तेरा ढिंढोरा घमघमाया' आदि। दुख की चिता के ये शोले वहीं शान्त हो जायँ, फैलें नहीं इसलिए ब्राह्मणों के धूर्त ग्रन्थकर्ताओं ने बाद में मौका तलाश कर उस गड्ढे का होम (कुण्ड) बनवाकर उसके सम्बन्ध में कई गलत-सलत बदमाशी भरी घटनाएँ गूँथकर अपने ग्रन्थों में लिखकर रखी होंगी, इसमें कोई शक नहीं। उधर बलि राजा के युद्ध भूमि पर मरने के बाद बाणासुर ने पूरे एक दिन हर तरह की मुसीबतों का मुकाबला करते हुए वामन की फौज से युद्ध

किया। बाद में बाणासुर आश्विन शुद्ध नवमी की रात में अपनी शेष फौज लेकर भाग गया। इस युद्ध में विजय की मस्ती में वामन इतना बदमस्त हुआ कि, बलि राजा की मुख्य राजधानी में कोई भी पुरुष नहीं है। इस तरह का सुनहरा मौका देखकर उस राजधानी पर हमला बोल दिया। वामन अपने साथ पूरी फौज लेकर आश्विन शुद्ध दशमी को बड़ी सुबह ही उस शहर में पहुँचा। उसने वहाँ के अंगणों में लगा हुआ जितना सोना था सब लूट लिया। उस शब्द का अपभ्रंश 'शिलंगण का सोना लूट लिया' यह हो गया। इस लूट के बाद वामन तुरन्त अपने घर (प्रदेश) लौट गया। जब उसने अपने घर में प्रवेश किया तब उसकी औरत ने पहले ही मजाक के खातिर कनकी (चावल) का एक बलि राजा बनाकर के रखा था। उसको उसने अपने दरवाजे की देहली पर रख दिया। बाद में उसने वामन से कहा कि यह देखो बलि राजा जो आपके साथ पुनः युद्ध करने के लिए आया है। यह सुनते ही उसने उस कनकी के बलि राजा को अपने लात की ठोकर से फेंक दिया और वह घर के अन्दर प्रविष्ट हुआ। उस दिन से आज तक ब्राह्मणों के घरों में हर साल आश्विन महीने में विजयादशमी (दशहरा) को ब्राह्मण औरतें कनकी या भात का बलि राजा बनवाकर अपने-अपने दरवाजे की देहलीज पर रखते है। बाद में अपना बायाँ पाँव उस कनकी के बलि राजा के पेट पर रखकर कचनाट की लकड़ी से उसका पेट फाड़ते हैं। बाद में उस मृत बलि राजा को लाँघकर अपने घर में प्रविष्ट होते हैं। यही उनमें सदियों से चली आ रही परिपाटी है। (ब्राह्मण-पण्डा-पुरोहितों के घरों में यह त्योहार बड़े उत्सव के साथ मनाया जाता है। इसलिए इस त्योहार को ब्राह्मणों का त्योहार कहते हैं। अनु.) उसी तरह बाणासुर के लोग आश्विन शुद्ध दशमी को रात में अपने-अपने घर गये। उस समय उनकी औरतों ने उनके सामने दूसरे बलि राजा की प्रतिमा रखकर और यह भविष्य वाणी जानकर कि दूसरा बलि राजा ईश्वर के राज्य की स्थापना करेगा, उन्होंने अपने घर की देहलीज में खड़े होकर उनकी आरती उतारी होगी। और यह कहा होगा कि, 'अला बला जावे और बलि का राज आवे (इडा पिडा जावो आणि बळीचे राज्य येवो.)' उस दिन से लेकर आज तक सैकड़ों साल बीत गये, फिर भी बलि के राज्य के कई क्षेत्रों में क्षत्रिय वंश की औरतों ने हर साल आश्विन शुद्ध दशमी के दिन शाम के समय अपने-अपने पति और पुत्र की आरती उतारकर आगे बलि का राज्य आवे इस इच्छा का त्याग उन्होंने नहीं किया है। इससे पता चलता है कि आगे आने वाला बलि राजा कितना अच्छा होगा। धन्य है, वह बलि राजा और धन्य है वह राजनिष्ठा। लेकिन आज के तथाकथित मांगलिक हिन्दू (ब्राह्मण) लोग अंग्रेज शासकों की मेहरबानी पाने के लिए जिससे उनको अंग्रेजी सत्ता में बड़े-बड़े पद और प्रतिष्ठा के स्थान मिले इसलिए ये लोग रानी के जन्म दिन पर आम सभाओं में लम्बे-लम्बे भाषण देते हैं। लेकिन समाचार-पत्रों में या बातचीत में उनके खिलाफ अपना रोष व्यक्त करने का दिखावा करते हैं।

धोंड़ीराव—उस समय बलि राजा द्वारा बुलाये गये सरदार बिल्कुल ही उसकी मदद के लिए आये ही नहीं?

ज्योतिराव—बाद में कई छोटे-मोटे सरदार अपनी-अपनी फौज के साथ आश्विन शुद्ध चौदहवीं को आकर बाणासुर से मिले। उनके बाणासुर को आकर मिलने की खबर सुनते ही बलि के राज्य के कुल मिलाकर सभी ब्राह्मण अपनी जान बचाकर वामन की ओर भाग गये। उनको इस तरह भागकर आते देखा और वामन बहुत ही घबरा गया। उसने सभी ब्राह्मणों को इकट्ठा किया। आश्विन शुद्ध पन्द्रहवीं को वे सभी इकट्ठा होकर सारी रात जागकर अपने भगवान के सामने प्रसाद स्वरूप दाँवपेंच तय करने लगे कि बाणासुर से अपना संरक्षण कैसे किया जाये। बाद में वामन दूसरे दिन अपने बाल बच्चों के साथ सारी फौज को साथ लेकर अपने प्रदेश की सीमा पर पहुँचकर बाणासुर की इन्तजार कर रहा था।

धोंडिराव—बाद में बाणासुर ने क्या किया?

ज्योतिराव—बाद में बाणासुर ने आव देखा न ताव, उसने एकदम वामन पर हमला बोल दिया। बाणासुर ने बाद में उसको पराजित किया, उसके बेहाल किये और उसके पास जो कुछ था वह सब कुछ लूट लिया। फिर उसने वामन को उसके सभी लोगों के साथ अपनी भूमि से खदेड़कर हिमालय की पहाड़ी पर भगा दिया। फिर उसने उस पहाड़ी को चारों ओर से घेर कर, पहाड़ी के पायदान पर अपना डेरा डालकर वामन को दाने-दाने के लिए इतना मोहताज बना दिया कि, उसके कई लोग केवल भूख से मरने लगे। अन्त में इसी चिन्ता में वहीं पर वामन अवतार का सर्वनाश हुआ मतलब वामन भी मर गया। वामन के मरने से बाणासुर के लोगों को बड़ी खुशी हुई। वे कहने लगे कि सभी ब्रह्मणों में वामन एक बहुत बड़ा संकट था। उसके मरने से, उसके नष्ट हो जाने से हमारा शोषण, उत्पीड़न समाप्त हो गया। उस समय से ब्राह्मणों को उपाध्य कहने की परिपाटी चली आ रही होगी, इस तरह का तर्क निकाला जा सकता हैं। बाद में उन उपाध्यों ने अपने-अपने घरों पर युद्ध में मरे अपने सभी रिश्तेदारों के नाम से चित्ता (जिसको आजकल होली कहा जाता है) जलाकर उनकी दाहक्रिया की। क्योंकि उनमें पहले से ही मृत आदमी को जलाने का रिवाज था। उसी प्रकार बाणासुर और अन्य तमाम क्षत्रिय इस युद्ध में मरे हुए अपने-अपने रिश्तेदारों के नाम से फाल्गुन वदी 1 पद को वीर बनकर हाथ में नंगी तलवारें लेते हुए बड़े उत्साह में नाचे, कूदे और उन्होंने मृत वीरों का सम्मान किया। क्षत्रियों में मृत आदमी के शरीर को जमीन में दफनाने की बहुत पुरानी परम्परा दिखायी देती है। अन्त में बाणासुर ने उस उपाध्ये के संरक्षण के लिए कुछ लोगों को वहाँ रखा। शेष सभी को अपने साथ लेकर वह अपनी राजधानी में पहुँचा। बाणासुर के अपनी मुख्य राजधानी में पहुँचने के बाद जो खुशी हुई, उसका वर्णन करने से ग्रन्थ का विस्तार होगा, इस डर की वजह से यहाँ मैं उस घटना का संक्षिप्त

इतिहास दे रहा हूँ। बाणासुर अपने सारे जायदाद की गिनती करके आश्विन वदी त्रयोदशी को उसकी पूजा की। फिर उसने वदी चतुर्दशी को और वदी 30 को अपने सभी सरदारों को बढ़िया-बढ़िया खाना खिलाया और सभी ने मौज मनायी। बाद में उसने कार्तिक शुद्ध 1 को अपने कई रिश्तेदारों को उनकी योग्यता के अनुसार इनाम दिया और उनको अपने-अपने मुल्क में जाकर काम पर लग जाने का हुक्म भी दिया होगा। इससे वहाँ की सभी स्त्रियों को भी खुशी हुई। उन्होंने कार्तिक शुद्ध 2 को अपने-अपने भाइयों को यथासामर्थ्य भोजन खिलाया। उन्होंने उनको भोजन खिलाकर उनका पूरी तरह से समाधान किया। बाद में उन्होंने उनकी आरती उतारी और कहा कि "अला बला जावे और बलि का राज्य आवे। (इडा पिड़ा जावो आणि बळीचे राज्य येवो)" इस तरह उन्होंने आने वाले बलि[6] के राज्य का स्मरण दिलाया। उस समय से आजतक हर साल दिवाली को भैयादूज (भाऊबीज) के दिन क्षत्रिय लड़कियाँ अपने-अपने भाइयों को आने वाले बलि के स्मरण के बगैर दूसरा आशीर्वाद नहीं देते। लेकिन उपाध्ये कुल में इस तरह का स्मरण दिलाने का रिवाज बिल्कुल ही नहीं है।

धोंडिराव—लेकिन बलि राजा को पाताल में गाढ़ने के लिए आदिनारायण ने वामन अवतार लिया। उस वामन ने भिखारी का रूप धारण किया और उसने बलि राजा को अपने छलकपट में फँसाया। उसने बलि राजा से तीन कदम धरती का दान माँगा। बलि राजा ने अपने भोले-भालेपन में उसको दान देने का वचन दे दिया। दान का वचन मिलने के बाद उसने भिखारी का रूप त्याग दिया, और इतना विशाल आदमी बन गया कि, उसने सारी धरती और आकाश को अपने दो कदमों में घेर लिया। बाद में उसने बलि राजा से पूछा कि अब मैंने तीसरा कदम कहाँ रखना चाहिए? उसका यह विशालकाय रूप देखकर बलि राजा बेबस हुआ। उसने उस वामन को यह जवाब दिया कि, अब तू अपना तीसरा पाँव मेरे सिर पर रख दे। बलि राजा का यह कहना सुनते ही उस गलीज गेण्डे ने अपना तीसरा पाँव बलि राजा के शरीर पर रख दिया और उसने बलि राजा को पाताल में दफनाकर अपना इरादा पूरा कर लिया। इस तरह की बात ब्राह्मण उपाध्यों ने भागवत आदि पुराणों में लिख रखी है। लेकिन आपने जिस हकीकत का वर्णन किया है उससे यह पुराण कथा झूठ साबित होती है। इसलिए इस बारे में आपकी मान्यता क्या है? यही हम जानना चाहते हैं।

ज्योतिराव—इससे अब तू ही सोच कि, जब उस गलीज गेण्डे ने अपने दो कदमों में सारी धरती और आकाश को घेर लिया था, तब उसके पहले ही कदम के नीचे कई गाँव, गाँव के लोग दब गये होंगे और उन्होंने अपनी निर्दोष जानें गँवायी होंगी या नहीं? दूसरी बात यह है कि, उस गलीज गेण्डे ने जब अपना दूसरा कदम आकाश में रखा होगा उस समय आकाश में सितारों की बहुत भीड़ होने से कई सितारे एक दूसरे से टकरा गये होंगे या नहीं? तीसरी बात यह कि, उस गलीज

गेण्डे ने अपने दूसरे कदम में यदि सारे आकाश को हड़प लिया होगा तब उसके कमर के ऊपर के शरीर का हिस्सा कहाँ रहा होगा? क्योंकि आदमी का दूसरा कदम उसके बड़ी तुंदी तक ऊपर आकाश में पहुँच सकता है, उससे ऊपर नहीं। इससे इस गलीज गेण्डे के कमर से ऊपर माथे तक आकाश शेष बचा होगा। तब उस गलीज गेण्डे ने अपने ही माथे पर अपना तीसरा कदम रखना चाहिए था और अपना इरादा पूरा करना चाहिए था। लेकिन उसने अपना इरादा पूरा करने की बात अलग रख दी और उसने केवल छल-कपट से अपना तीसरा कदम बलि राजा के माथे पर रख दिया और उसको पाताल में दफना दिया, उसकी इस नीति को क्या कहना चाहिए!

धोंडिराव–क्या सचमुच में वह गलीज गेण्डा आदिनारायण का अवतार है या नहीं? उसने इस तरह की सरेआम दगाबाजी कैसे की? जो लोग ऐसे धूर्त, दुष्ट आदमी को आदिनारायण का अवतार मानते हैं, उन इतिहासकारों की छि-छि करते हुए, हम उनका निषेध करते हैं। क्योंकि उन्हीं के लेखों से वामन छली, धोखेबाज, विनाशकारी और हरामखोर साबित होता है। उसने अपने दाता को ही जिसने उस पर उपकार किया था, दया दिखायी थी, उसी को पाताल में दबोच दिया।

ज्योतिराव–चौथी बात यह है कि, उस गलीज गेण्डे का शिर आकाश को पा करके स्वर्ग में गया होगा, तब उसको वहाँ से बड़े जोर से चिल्लाते हुए बलि को पूछना पड़ा होगा कि अब मेरे दो कदमों में ही सारी धरती और आकाश सिमटे गया, फिर अब आप ही बताइये कि मैं मेरा तीसरा कदम कहाँ रखूँ और अपना इरादा तथा आपके इरादे को पूरा करूँ? क्योंकि आकाश में उस गलीज गेण्डे का मुँह और पृथ्वी पर बली राजा इसमें अनगिनत कोसों का फासला रहा होगा, और आश्चर्य की बात यह है कि, रशियन, फ्रेंच, अंग्रेज और अमेरिकी आदि लोगों ने किसी एक को भी उस संवाद का एक शब्द भी सुनायी नहीं दिया, यह कैसी अजीब बात है। उसी प्रकार धरती के मानव बलि राजा ने उस वामन नाम के गलीज गेण्डे को उत्तर दिया कि, तू अपना तीसरा कदम मेरे माथे पर रख दे, फिर यह बात उसने ऐसे सुनी होगी, यह भी बड़े आश्चर्य की बात है। क्योंकि बलि राजा उसके जैसा बेढंगा आदमी बना नहीं था। पाँचवीं बात यह है कि उस गलीज गेण्डे के बोझ से धरती की कुछ भी हानि नहीं हुई, यह भी कितने आश्चर्य की बात समझनी चाहिए।

धोंडिराव–यदि धरती की हानि हुई होती तब हमने यह दिन कहाँ से देखे होते? उस गलीज गेण्डे ने क्या-क्या खा कर अपनी जान बचाई होगी? फिर जब वह गलीज गेण्डा मर गया होगा तब उसकी उस विशाल लाश को श्मशान में ले जाने के लिए कन्धा देने वाले चार लोग कहाँ से मिल गये होंगे? शायद यदि उसको उसी जगह पर जहाँ वह मर गया होगा, वहीं जलाया गया होगा यदि ऐसा कहा जाय, तब उसको जलाने के लिए पर्याप्त लकड़ियाँ और कण्डि कहाँ से मिली होंगी? यदि उस तरह की विशालकाय लाश को जलाने के लिए पर्याप्त लकड़ियाँ नहीं मिली होंगी,

यह कहा जाय तो तब उसकी लाश को वहीं के वहीं कुत्ते-सियारों ने नोच-नोच कर खा लिया होगा और उसका हलवा पस्त किया होगा या नहीं? तात्पर्य भागवत आदि सभी (पुराण) ग्रन्थों में यदि उक्त प्रकार की शंका का समाधान नहीं मिलता, इसका मतलब स्पष्ट है कि उपाध्यों ने बाद में समय देखकर सभी पुराण कथाओं से इस तरह के ग्रन्थों की रचना की होगी, यही सिद्ध होता है।

ज्योतिराव—तात! आप उस भागवत पुराण को एक बार पढ़ लें। फिर तुमको ही उस भागवत पुराण से भी इन्साफ नीति ज्यादा अच्छी लगेगी।

सन्दर्भ

1. मावला—मराठी में मावळा। महाराष्ट्र के अन्तर्गत पूना के इर्दगिर्द का प्रदेश।
2. जेजोरी का खण्डोबा—महाराष्ट्र का एक प्रसिद्ध देवास्थान। यह स्थान पूना की आग्नेय दिशा में करीबन तीस मील की दूरी पर है। जेजोरी की पहाड़ी पर कई पठार और गड़कोट इन दो जगह पर खण्डोबा के मन्दिर हैं, कई शिलालेख हैं। यहाँ सबसे पुराना शिलालेख ई.स. 1246 का है, जेजोरी की चंपाषष्ठी, सोमवती अमावस्या, चैत्री, श्रावणी, पौषी, और माघ पूर्णिमा को विशेष उत्सव होते हैं। यहाँ का चंपाषष्ठी सबसे बड़ा उत्सव है।
3. मल्हारी—शिव का एक अवतार माना जाता है। एक देवता।
4. मार्तण्ड—इस देवता को 'मल्हारी मार्तण्ड' इस नाम से भी जानते-पुकारते हैं। महाराष्ट्र की लोककलाओं में यह नाम बहुत ही प्रचलित है।
5. हर हर-'हर हर' शब्द का अपभ्रंश 'हुरा हुरा' है! इस तरह का तर्क निकलता है। क्योंकि अंग्रेज लोगों में एक पुराना रिवाज है। वह यह कि, वे 'हुरा हुरा' करके चिल्लाये बगैर दुश्मन पर टूट पड़ने की आज्ञा ही नहीं देते। यह बात उनके इतिहास में कही आती है। "Hurrah Boys! loose the saddle or win the horse!"
6. बलि—(बरि, बेदगु)—बलि कन्नड़ शब्द है। इसका तमिल अनुवाद 'बरि' तथा तेलुगु 'बेरगु' है। इसका अर्थ है बाहरी जाति। बलि का उल्लेख अनेक बार ऋग्वेद में एक देवता के लिए तथा एक राजा के लिए हुआ है। बलि एक प्रसिद्ध दानवराजा है। इसने तीनों लोकों को जीत लिया था। देवता (ब्राह्मण) उससे त्रस्त थे। पुराणों में कहा गया है कि, बलिराजा दान देने के लिए प्रसिद्ध था। बिष्णु ने दया करके कश्यप और अदिति से वामन रूप में उत्पन्न हुआ और ब्राह्मण का रूप धारण कर बलि राजा के पास गया। वामन ने छल-कपट से बलि राजा से तीन पग भूमि माँगी।

परिच्छेद : सात

ब्रह्मा, ताड़ के पत्तों पर लिखने का रिवाज, जादूमन्त्र, संस्कृत का मूल, अटक नदी के उस पार जाने पर रोक, प्राचीनकाल में ब्राह्मण लोग घोड़ी आदि जानवरों का मांस खाते थे, पुरोहित, राक्षस, यज्ञ, बाणासुर, की मृत्यु, अछूत (परवारी), धागे की गेंडली का निशान, मूलमन्त्र, महार, शूद्र, कुलकर्णी, कुनबी, कुनबीन, शूद्रों से नफरत, अस्पृश्यनीय भाव, मांगल्य (सोवळे), धर्मशास्त्र, मनु, पुरोहित, पुरोहितों की पढ़ाई-लिखाई का परिणाम, प्रजापति की मृत्यु, ब्राह्मण आदि के सम्बन्ध में।

धोंडिराव—वामन की मृत्यु के बाद उपाध्यों का मुखिया कौन हुआ?

ज्योतिराव—वामन की मृत्यु के बाद उन लोगों को महान कुलीन मुखिया की नियुक्ति करने के लिए समय ही नहीं मिला होगा। इसलिए ब्रह्मा नाम का एक चतुर-चालाक दफ्तरी था, वही सारा राज्य शासन सँभालने लगा। वह बहुत ही कल्पना बहदुर था। उसको जैसे-जैसे मौका मिलता था, वह उस तरह के काम करके अपना मतलब साध लेता था। उसके कहने पर, उसकी बात पर लोगों का बिल्कुल ही विश्वास नहीं था। इसलिए उसको चौमुँहा कहकर पुकारने का प्रचलन चल पड़ा। मतलब यह कि, वह बहुत ही चतुर, हठीला, धूर्त, दुस्साहसी और निर्दयी था।

धोंडिराव—ब्रह्मा ने सबसे पहले क्या किया होगा?

ज्योतिराव—ब्रह्मा ने सबसे पहले ताड़ वृक्ष के सूखे पत्तों पर किले से कुरेदकर लिखने की तरकीब खोज निकाली और उसको जो कुछ इराणी जादूमन्त्र और जो कुछ व्यर्थ की नीरस कहानियाँ याद थीं उनमें से कुछ कहानियाँ उसमें मिलाकर उन सबका उसने उस काल की सर्वकृत (जिसका अपभ्रंश संस्कृत शब्द है) चालू भाषा में आज के पारशी बयती जैसी छोटी-छोटी कविताओं (छन्द) की रचना की और सब का सार ताड़वृक्षों के पत्रों पर लिख दिया गया। बाद में इसकी बहुत प्रशंसा भी हुई। उसी की वजह से ही यह धारणा प्रचलित हुई कि ब्रह्मा के मुँह से ब्राह्मणों के उपन्यासों सहित जादूमन्त्र विद्या का प्रादुर्भाव हुआ। इस समय उपाध्ये लोग बिना भोजन-पानी के मरने लगे। इसी की वजह से वे लोग लुके छिपे इराण में भाग गये। इसके बाद उन्होंने यह नियम बना लिया कि अटक नदी या समुन्दर को लाँधकर उस

पार किसी को नहीं जाना चाहिए। और इसका उन्होंने पूरा बन्दोबस्त कर लिया था।

धोंडिराव—फिर उन्होंने उस जंगल में क्या-क्या खाकर अपनी जान बचायी?

ज्योतिराव—फिर उन्होंने वहाँ के पेड़ों के फल, फूल, पत्ती, कन्दमूल और उस जंगल में रहने वाले कई तरह के पंछी और जानवरों को ही नहीं बल्कि अन्त में कई लोगों ने अपनी पालतू घोड़ी की भी हत्या करके उन्हें भूनकर के खाया और अपनी जान बचायी। इसीलिए उनके रक्षक उन्हें भ्रष्ट कहने लगे। बाद में उन पण्डों ने कई तरह की कठिनाइयों में फँस जाने की वजह से कई तरह के जानवरों के मांस खाये। लेकिन जब उन्हें इस बात की लज्जा आने लगी तब उन्होंने किसी भी प्रकार का मांस खाने पर रोक लगा दी होगी। लेकिन जिन ब्राह्मणों को पहले से ही मांस खाने की आदत लगी थी, उस आदत को एकदम से छुड़ाना बड़ी मुश्किल बात थी। उन्होंने कुछ समय बीत जाने के बाद समय देखकर उस निम्न कर्म का दोष छिपाने के लिए पशुओं की हत्या करके उनका मांस खाने में सबसे बड़ा पुण्य मान लिया। और खाने योग्य पशुओं की हत्या को पशुयज्ञ, अश्वमेध यज्ञ आदि प्रतिष्ठित नामों से सम्बोधित कर उनके बारे में उन्होंने अपने ग्रन्थों में लिखकर रखा (उसमें उन्होंने यज्ञों का पूरी तरह से समर्थन किया। उनका धर्म अर्थात ब्राह्मण धर्म बाद में यज्ञों का धर्म ही कहलाया। उनके यज्ञ पूरी तरह से हिंसक ही थे। बिना हिंसा के वैदिकों का, ब्राह्मणों का यज्ञ होता ही नहीं था—अनु.)।

धोंडिराव—बाद में ब्रह्मा ने क्या किया?

ज्योतिराव—बाद में बलि राजा का पुत्र बाणासुर मरने के बाद उसके राज्य में कोई मुखिया नहीं रहा। प्रजा पर जो नियन्त्रण था वह भी ढीला पड़ गया। जिधर देखिये उधर बेबसी का वातावरण था। हर कोई अपने आपको राजा समझकर चल रहा था। सभी लोग ऐशोआराम की जिन्दगी में पूरी तरह से मशगूल थे। यही सुनहरा, उचित समय समझकर ब्रह्मा ने अपने साथ उन सभी भूख से त्रस्त, व्याकुल ब्राह्मण परिवारों को (जिसका अपभ्रंश आज 'परिवारी' है) लिया है। फिर उसने राक्षसों पर (रक्षक—जो अ ब्राह्मणों के यहाँ के मूल निवासियों के रक्षक थे उन्हें राक्षस कहा गया होगा, राक्षस शब्द मूलतः रक्षक अर्थात रक्षण करने वाला होना चाहिए—अनु.) रात में एकाएक हमला बोल दिया और उनका पूरी तरह से विनाश किया। बाद में उसने बाणासुर के राज्य में घुसने के पहले इस तरह सोचा होगा कि आगे न जाने किस तरह की मुसीबत अपने पर आ जाय और हम सभी को इधर-उधर तितर-बितर होना पड़े उसमें हमको अपने-अपने परिवारों को पहचानने में कठिनाई हो जायेगी लेकिन तितर-बितर होने के बाद भी हम अपने-अपने परिवार के लोगों को पहचान सके इसलिए ब्रह्मा ने अपने परिवारों के सभी लोगों के गले में एक-एक सफेद धागों से बने रस्से को अर्थात जातिनिर्देशित निशान मतलब जिसको आज (ब्राह्मण लोग) ब्रह्म-सूत्र (जनेऊ) कहते हैं उसको उसने हर ब्राह्मण के गले में पहना दिया। उस

जनेऊ के लिए उसने उनको एक जातिनिर्देशित मूलमन्त्र दिया। जिसको गायत्रीमन्त्र[1] कहा जाता है। उन पर यदि किसी भी प्रकार की मुसीबत आयी तब भी उन्होंने उस गायत्रीमन्त्र को क्षत्रियों को नहीं बताना चाहिए, इस तरह की शपथ दिलायी। इसी की वजह से ब्राह्मण लोग अपने-अपने परिवार के लोगों को आपस में बड़ी आसानी से पहचानकर अलग-अलग करने लगे।

धोंडिराव—उसके बाद ब्रह्मा ने और क्या-क्या किया?

ज्योतिराव—बाद में ब्रह्मा ने अपने उन सभी पारिवारिक ब्राह्मणों को साथ में लेकर बाणासुर के राज्य में हमला किया, घुसपैठ की। फिर उसने वहाँ के कई छोटे-बड़े सरदारों के हौसले नाउम्मीद कर दिये। उसने अधिकांश भूक्षेत्र अपने अधिकार में ले लिया। और उनमें जो लोग युद्ध में कमर कसकर लड़ने वाले महाअरी (आज उस शब्द का अपभ्रंश रूप महार है) क्षत्रियों के अलावा जो लोग उसकी चंगुल में आ गये थे उनका सब कुछ उसने छीन लिया था। बाद में उसने सत्ता की गर्मी में उन सबको शूद्र लोग (जिसका अपभ्रंश शब्द शूद्र है) अपने गुलाम बनाये। उसने उनमें से कई लोगों को गुलाम स्वरूप सेवा के लिए अपने लोगों के घर-घर बाँट दिया था। शेष शूद्रों की उसने गाँव-गाँव में एक-एक ब्राह्मण सेवक भेजकर उनके द्वारा भूक्षेत्र विभाजन करवाया और उन शेष सभी शूद्रों को कृषि कार्य करने के लिए मजबूर किया। उसने इन कृषक शूद्रों को जिन्दा रहने के लिए जमीन की उपज का कुछ हिस्सा स्वयं लेकर शेष भाग इन स्वामियों को दे देने का नियम बनाया। इसी की वजह से उस ग्राम सेवक ब्राह्मण कर्मचारी का नाम कुलेकरणी (जिसका अपभ्रंश शब्द है कुलकर्णी) हो गया। और उसी प्रकार उन शूद्र कुलों का (किसान) नाम कुलवाडी (जिसका अपभ्रंश शब्द है कुलंबी, कुळंबी या कुणबी[2]) हो गया। लेकिन उन दास कुनबियों की औरतों को हमेशा ही खेती का काम नहीं मिल पाता था। उनको कभी-कभी कोई न कोई बहाना बनाकर ब्राह्मणों के घर का काम करने के लिए मजबूर होकर ही क्यों न सही लेकिन जाना पड़ता था। इसलिए कुनबी और दासी इन दो शब्दों में कोई अर्थ भिन्नता नहीं दिखायी देती। उक्त प्रकार के बुनयादी आधार के अनुसार बाद में सभी ब्राह्मण दिन-ब-दिन मस्ती में आकर शूद्रों को इतना नीच मानने लगे कि, उसके सम्बन्ध में यदि सारी हकीकत लिखी जाये तो उसका एक अलग से ग्रन्थ ही हो जायेगा। इस तरह की कुछ बातें आज भी समाज में प्रचलित हैं। ग्रन्थ विस्तार के डर से उन बातों की चर्चा यहाँ मैं संक्षेप में ही कर रहा हूँ। उसी प्रकार आज कल के ब्राह्मण भी (चाहे फिर वे झाड़ू लगाने वाले मातंग महारों की तरह अनपढ़ ही क्यों न हों) भूखे मरने लगे, इसलिए जो नहीं करना चाहिए वह नीच कर्म करने पर आमादा हुए हैं। वे लोग पाप-पुण्य की कल्पना का किसी भी प्रकार का विधि निषेध नहीं रखते थे। और अज्ञानी शूद्रों को अपने जाल में फँसाने के लिए हर तरह की तरकीबें खोजते रहते हैं। अन्त में उनका बस न चलता तब वे

शूद्रों के दरवाजे-दरवाजे पर धर्म के नाम पर भीख माँगकर जैसे-तैसे अपना पेट पालते हैं। लेकिन शूद्रों के घर नौकर (सेवक) बनकर उनके खेत के जानवरों की देखभाल करने के लिए राजी नहीं होंगे, जानवरों के कोठे में पड़े गोबर को उठाने के लिए, कोठे की साफ सफाई करने के लिए, गोबर की टोकनी सर पर उठाने के लिए तैयार नहीं होंगे, गोबर को टोकनी में उठाकर गड्ढे में डालने के लिए तैयार नहीं होंगे।

वे लोग किसान के खेत में हल जोतने के लिए, मोट (चरसी) को जोतकर खेतों को, फल-सब्जियों के बागों को पानी देने के लिए तैयार नहीं होंगे। वे लोग खलिहान में काम करने के लिए राजी नहीं होंगे। वे लोग खेतों की कूड़े-करकट की बंडी जोतकर खेतों पर डालने के लिए राजी नहीं होंगे। वे लोग खेतों को खोदने, कुदाली-फावडा चलाने के लिए राजी नहीं होंगे। वे लोग खेतों में हँसिया से घास काटकर बैलों के लिए खेत से घास सिर पर ढोने के लिए, तैयार नहीं होंगे। वे लोग रात में हाथ में लठ लेकर खेत की रखवाली करने के लिए, रात-रात भर खेतों की देखरेख करने के लिए राजी नहीं होंगे। वे लोग किसी भी प्रकार का शारीरिक श्रम करने के लिए शरमाते हैं। वे लोग शूद्र के घरों में नौकर बनकर उनकी घोड़ियों की साफ-सफाई करने के लिए, घोड़ियों को दाना खिलाने के लिए, घोड़ों के आगे-पीछे दौड़ने के लिए शरमाते हैं। वे लोग शूद्रों की जूतियों को बगल में दबाकर सँभालकर रखने के लिए राजी नहीं होंगे। वे लोग शूद्रों के घर की साफ-सफाई करने के लिए, उनके घर के जूठे बरतनों की साफ-सफाई करने के लिए, उनके घर की लालटेन साफ करके जलाने के लिए तैयार नहीं होंगे। वे लोग शूद्रों के घर का लीपा-पोती का काम करने के लिए तैयार नहीं होते। वे लोग रेलवे स्टेशनों पर, बस स्टेशनों पर, माल धक्के पर कुली, कबाड़ी का काम करने के लिए शरमाते हैं। उसी प्रकार ब्राह्मण औरतें शूद्रों की नौकरानियाँ होकर शूद्रानियों को नहलायेंगी नहीं, उनके बाल-कंघी नहीं कर देंगी। उसी प्रकार ब्राह्मण औरतें शूद्रों के घर साफ-सफाई का काम नहीं करेंगी, शूद्रानियों के लिए बिछाना नहीं लगा के देगी, उनकी साड़ियाँ, उनके कपड़े धोने के लिए राजी नहीं होंगी, उनकी जूतियाँ सँभालने के लिए तैयार नहीं होंगी, शरमाती हैं।

फिर जब वे महाअरि (महार) लोग अपने शूद्र भाइयों को ब्राह्मणों के जाल से मुक्त करने की इच्छा से ब्राह्मणों से प्रतिवाद करने लगे, उन पर हमले करने लगे, तब सभी ब्राह्मण लोग शूद्रों से इतनी नफरत करने लगे कि, वे शूद्र का छुआ हुआ भोजन भी खाने से इनकार करते थे। उसी नफरत की वजह से आज कल के ब्राह्मण शूद्रों द्वारा छुआ हुआ भोजन तो क्या, पानी भी नहीं पीते। किसी शूद्र के द्वारा छुई हुई कोई भी वस्तु नहीं चाहिए इसलिए ब्राह्मणों ने मांगलिक (सोवळे-ओवळे) होने की संकल्पना को जन्म दिया, उनमें यह रिवाज आम हो गया। फिर अधिकांश शूद्र विरोधी ब्राह्मण ग्रन्थकारों ने, दूसरों की बात छोड़िये अपने मन की भी थोड़ी लज्जा

नहीं रखी। उन्होंने मांगलिक होने के रिवाज का इतना महत्त्व बढ़ाया कि मांगलिक ब्राह्मणों को किसी शूद्र का स्पर्श होते ही वह अपवित्र (नापाक), अमांगलिक हो जाता था। इसके समर्थन के लिए उन्होंने धर्मशास्त्र जैसी कई अपवित्र, भ्रष्ट किताबें लिखी हैं। ब्राह्मणों ने इस बात की भी पूरी सावधानी रखी कि शूद्रों को किसी ने भी बिल्कुल पढ़ना-लिखना नहीं सिखाना चाहिए, उन्हें ज्ञान-ध्यान नहीं देना चाहिए। क्योंकि कुछ समय बीत जाने के बाद शूद्रों को अपने बीते हुए काल के श्रेष्ठत्व की स्मृतियाँ हो गयीं तब वे कभी न कभी अपनी छाती पर नोचने के लिए किसी भी प्रकार की कसर बाकी नहीं रखेंगे, अपने खिलाफ बगावत करेंगे, विद्रोह करेंगे, इसलिए उन्होंने शूद्रों को पढ़ने-लिखने से, ज्ञान-ध्यान की बातों से दूर रखने का पूरा षड्यन्त्र रचा था। उन्होंने अपने धर्म-शास्त्रों में शूद्रों के पढ़ने-लिखने के खिलाफ विधान बनाया। उन्होंने इतना ही नहीं बल्कि कोई ब्राह्मण धर्मग्रन्थ का अध्ययन कर रहा है तो उसके अध्ययन का एक शब्द भी शूद्रों के कान तक नहीं पहुँचना चाहिए। इस बात की भी पूरी व्यवस्था की थी। और इस तरह का विधान भी उन्होंने अपने धर्मशास्त्रों में लिख रखा था। इस बात के कई प्रमाण मनु स्मृति में मौजूद हैं।

इसी आधार पर आजकल के मांगलिक ब्राह्मण भी उस तरह की अपवित्र, भ्रष्ट किताबों को शूद्रों के सामने नहीं पढ़ते। लेकिन अब समय में कुछ परिवर्तन आ गया है। अब जबकि ईसाई समझी जाने वाली अंग्रेज सरकार की धाक से शिक्षा विभाग के पेटू-ब्राह्मणों को अपने मुँह से यह कहने की हिम्मत ही नहीं होगी कि हम शूद्रों को पढ़ना-लिखना नहीं सिखाएँगे। फिर भी वे लोग अपने पूर्वजों का लुच्चापन, हरामखोरी लोगों के सामने रखने की हिम्मत नहीं दिखाएँगे। उनमें आज भी यह हिम्मत नहीं कि शूद्रों को यही समझ देकर अपने पूर्वजों की गलतियों को स्वीकार करें और अपना अवास्तविक महत्त्व न बतायें। उनको आज भी अपने झूठे इतिहास पर फिजूल गर्व है। वे स्कूलों में शूद्रों के बच्चों को सिर्फ चालचलावू व्यावहारिक ज्ञान की बातें भी नहीं पढ़ाते। लेकिन वे शूद्रों के बच्चों के मन में हर तरह का फालतू देश अभिमान, देश गर्व की बातें पढ़ाते रहते हैं। और उनको पक्के अंग्रेज 'राजभक्त' बनवाते हैं। फिर वे अन्त में उन शूद्रों के बच्चों को शिवाजी जैसे धर्मभोले, अज्ञानी, शूद्र राजा के बारे में गलत सलत बातें सिखाते रहते हैं। शिवाजी राजा ने अपना देश म्लेच्छों से (मुसलिम) मुक्त करवाकर गो-ब्राह्मणों का कैसे रक्षण किया आदि के सम्बन्ध में झूठी, मनगढ़ी कहानियाँ पढ़ाकर उनमें खोखले स्वधर्म (ब्राह्मणधर्म) के अभिमानी बनाते हैं। ब्राह्मणों के इसी (षड्यन्त्र) की वजह से शूद्र समाज की शक्ति के अनुसार वे बड़ी-बड़ी जोखिम के काम करने के लिए लायक विद्वान नहीं बन पाते। इसका परिणाम यही होता है कि सभी सरकारी विभागों में ब्राह्मण कर्मचारी, अधिकारियों की ही भीड़ समा जाती है। सभी सरकारी सेवाओं का लाभ इन्हीं ब्राह्मणों को मिल जाता है। और शूद्र समाज के लोग इन सरकारी नौकरियों में, सरकारी सेवाओं में

न आ पायें इसलिए इतनी सफाई से, चतुराई से जुल्म-ज्यादतियाँ करते हैं कि यदि इस सम्बन्ध में पूरी-पूरी हकीकत लिखी जाए तब तो कलकत्ते में नील की खेती के बागानों में काम करने वाले मजदूरों पर अंग्रेज लोग जो जुल्म करते हैं वह हजार में एक अधन्ना भी नहीं भर पायेगा।

अंग्रेजी राज में भी चारों ओर ब्राह्मणों के हाथ में (नाम-मात्र के लिए टोपी वाले) सत्ता होने की वजह से वे अज्ञानी और शूद्र रैयत को ही नहीं बल्कि सरकार को भी नुकसान पहुँचाते हैं। और वे लोग इसके आगे सरकार को नुकसान नहीं पहुँचायेंगे इसके बारे में निश्चित रूप से कुछ भी नहीं कहा जा सकता। ब्राह्मणों के इस व्यवहार के बारे में सरकार को भी जानकारी है। फिर भी अंग्रेज सरकार अन्धे का स्वांग लेकर केवल ब्राह्मण अधिकारी-कर्मचारियों के कन्धे पर अपना हाथ रखकर उनकी नीति से चल रही है। लेकिन अंग्रेज सरकार को ब्राह्मणों की इसी नीति से गम्भीर खतरा पैदा होने की सम्भावना है, इस बात को कोई नकार नहीं सकता। तात्पर्य, ब्रह्मा ने यहाँ के मूल क्षेत्रवासियों को अपना गुलाम बना लेने के बाद वह इतना मस्ती में चढ़ गया था कि महाअरियों ने उपहास करने की दृष्टि से उसका नाम 'प्रजापति' रखा था। यह तर्क निकाला जा सकता है। किन्तु ब्रह्मा के बाद आर्य लोगों का मूल नाम 'भट' लुप्त हो गया और बाद में उनका नाम 'ब्राह्मण' हो गया।

सन्दर्भ

1. गायत्री मन्त्र—'गायत्री' ऋग्वेद में एक छन्द का नाम है। गायत्री का अर्थ है 'गायन्तं त्रायते इति' अर्थात 'गाने वाले की रक्षा करने वाली' सभी द्विजों की सुबह और सन्ध्या काल की प्रार्थना में मन्त्र का पाठ करना अनिवार्य माना गया है।
2. कुनबी—हिन्दुओं की एक शूद्र जाति जो हमेशा खेती करती है।

परिच्छेद : आठ

परशुराम, मातृहत्या, इक्कीस बार हमले, राक्षस, खण्डेराव ने रावण की मदद ली, नवखण्डों की जाणाई, सात देवियाँ (सप्त आसरा), महारों के गले का काला धागा, अतिशूद्र, अछूत, मातंग, चण्डाल, महारों को पाँवोंतले रौंदना, ब्राह्मणों को गन्धर्व ब्याह करने की मनाही, क्षत्रिय बच्चों की हत्या, प्रभु, रामोशी, जिनगर आदि लोग, परशुराम की हार हो जाने में उसने अपनी ही जान दे दी, और चिरंजीव परशुराम को निमन्त्रण आदि के सम्बन्ध में।

धोंडिराव—प्रजापति (ब्रह्मा) के मरने के बाद ब्राह्मणों का मुखिया कौन था?

ज्योतिराव—ब्राह्मणों का मुखिया परशुराम था।

धोंडिरीव—परशुराम स्वभाव से कैसा था?

ज्योतिराव—परशुराम स्वभाव से उपद्रवी, साहसी, विनाशी, निर्दयी, मूर्ख और नीच प्रवृत्ति वाला था। उसने जन्म देने वाली माता रेणुका की गरदन काटने में भी कोई संकोच महसूस नहीं किया। परशुराम शरीर से मजबूत और तीरन्दाज था।

धोंडिराव—उसके शासनकाल में क्या हुआ?

ज्योतिराव—प्रजापति (ब्रह्मा) के मरने के बाद बचे हुए महाअरियों ने ब्राह्मणों के जाल में फसे हुए अपने भाइयों को गुलामी से मुक्त करने के लिए परशुराम से इक्कीस बार युद्ध किया। वे इतनी जिद्द से युद्ध लड़ते रहे कि, अन्त में उनका नाम द्वैती पड़ गया और उस शब्द का बाद में अपभ्रंश 'दैत्य' हो गया। जब परशुराम ने सभी महाअरियों को पराजित किया तब उनमें से कई महावीरों ने निराश होकर, अपने स्नेहियों के प्रदेशों में जाकर अपने आखरी दिन बिताए। मतलब जेजुरी के खण्डेराव ने जिस तरह रावण का सहारा लिया, उसी प्रकार नव खण्डों के न्यायी और सात आश्रय आदि सभी कोंकण के निचले भूप्रदेश में जाकर छिप गये और उन्होंने वहाँ अपने आखरी दिन बिताये। इससे ब्राह्मणों में नफरत की भावना और भी गहरी हो गयी। उन्होंने नव खण्डों का जो न्यायी था उसका नाम स्त्री के नाम पर निन्दा-सूचक अर्थ में 'नवचिथड़ों वाली देवी' (नऊ खणाची जानाई)[1] रख दिया और सात आश्रयों का नाम 'सात पुत्रों वाली माता' (साती असरा)[2] रख दिया। शेष

जितने महाअरियों को परशुराम ने युद्ध भूमि पर कैद करके रखा उन पर उसने कड़े प्रतिबन्ध लगाकर रखा था। उन महाअरियों ने कभी भी ब्राह्मणों के विरुद्ध कमर नहीं कसनी चाहिए इसलिए उसने उनको शपथ दिलायी। उसने सभी के गले में काले धोगे की निशानी बँधवायी। और उनको उनके शूद्र भाइयों ने भी छूना नहीं चाहिए, इसलिए सामाजिक प्रतिबन्ध लगाये। बाद में परशुराम ने उन महाअरी क्षत्रियों को अतिशूद्र, महार, अछूत, मातंग और चाण्डाल आदि नामों से पुकारने की प्रथा प्रचलित की। इस तरह के गन्दे प्रचलन के लिए दुनिया में दूसरी कोई मिसाल ही नहीं है। जैसे इस शत्रुतापूर्ण भावना से महार, मातंग आदि लोगों से बदला चुकाने के लिए उसने हर तरह की घटिया से घटिया तरकीबें अपनायीं। उसने अपने जाति बिरादरी के लोगों की बड़ी-बड़ी इमारतों की नींव के नीचे कई मातंगों को उनकी औरतों के साथ खड़ा करके, उनके बेसहाय चिल्लाने से किसी को अनुकम्पा होगी इसके लिए उनके मुँह में तेल और सिंदूर डालकर उन लोगों को जिन्दा अवस्था में ही दफनाने की परम्परा शुरू की।

लेकिन ब्राह्मणों द्वारा शुरू की गयी यह अमानवीय परम्परा जैसे-जैसे मुसलिमों की सत्ता इस देश में मजबूत होती गयी वैसे-वैसे वह समाप्त होती गयी। लेकिन इधर महाअरियों से लड़ते-लड़ते परशुराम के इतने लोग मारे गये कि, ब्राह्मणों की, अपेक्षा ब्राह्मण विधवाओं की संख्या ज्यादा हो गयी। इसका परिणाम यह हुआ कि उन विधवाओं की व्यवस्था किस तरह से की जाय इसकी भयंकर समस्या ब्राह्मणों के सामने खड़ी हो गयी। अन्त में ब्राह्मण विधवा औरतों को पुनर्विवाह करने के लिए मना कर दिया गया। तब कहीं जाकर उनकी गाड़ी रास्ते पर आयी। परशुराम अपने ब्राह्मण लोगों की हत्या से इतना पागल हो गया था कि उसने बाणासुर के सभी राज्यों के क्षत्रियों के बीज का मूल नाश करने के इरादे से अन्त में उन महाअरी क्षत्रियों की निराधार गर्भवती विधवा औरतों को, जो अपनी जान बचाने के लिए जहाँ तहाँ छिप गयी थीं, उनसे पैदा होने वाले नन्हें बच्चों को पैदा होते ही हत्या कर देनी चाहिए इसलिए उसने उन औरतों को पकड़-पकड़कर लाने की मुहिम शुरू कर दी। उस अमानवीय शत्रुतापूर्ण मुहिम से नजर चुराकर बचे हुए नन्हे बच्चों में से निर्मित कुछ कुल (वंश) इधर प्रभु[3] लोगों में मिलते हैं। उसी तरह परशुराम की इस धूमधाम में रामोशी, जिनगर, तुंबडी वाले और कुम्भार आदि जाति के लोग होने चाहिए। क्योंकि कई रस्म रिवाजों में उनका शूद्रों से मेल होता है। तात्पर्य, हिरण्याक्ष से बलि राजा के पुत्र का निर्वंश होने तक उस कुल को निस्तेज करके उनके लोगों को पूरी तरह से तहस-नहस कर दिया था। इससे अज्ञानी क्षेत्रपतियों के दिमाग पर इस तरह की धाक जम गयी कि ब्राह्मण लोग जादू विद्या में माहिर हैं। वे लोग ब्राह्मणों के मन्त्रों से बहुत ही डरने लगे। किन्तु इधर परशुराम की मूर्खता की वजह से उसके धिंगाधिंगी में ब्राह्मणों की बड़ी हानि हुई। इसकी वजह से सभी ब्राह्मण लोग

परशुराम के नाम से घृणा करने लगे। यही नहीं तो उसी समय यहाँ के एक क्षेत्रपति के रामचन्द्र नाम के पुत्र ने परशुराम के धनुष को जनक राजा के घर में भरी सभा में तोड़ दिया। इससे परशुराम के मन में उस रामचन्द्र के प्रति प्रतिशोध की भावना घर कर गयी। उसने रामचन्द्र को अपने घर जानकी को ले जाने का सुनहरा मौका देखा और उसने रामचन्द्र से रास्ते में ही युद्ध छेड़ दिया। उस युद्ध में परशुराम की करारी हार हुई। उस पराजय से परशुराम इतना शर्मिन्दा हो गया कि, उसने अपने सभी राज्यों का त्याग करके अपने परिवारों के साथ और कुछ निजी सम्बन्धियों को साथ लिया और वह कोंकण के निचले भाग में जाकर रहने लगा। वहाँ पहुँचने के बाद उसको उसके द्वारा किये गये सभी बुरे कर्मों का पश्चात्ताप हुआ। इस पश्चात्ताप का परिणाम उस पर इतना बुरा हुआ कि उसने अपनी जान कहाँ, कब और कैसे खो दी, इसका किसी को कोई पता ही नहीं लग सका।

धोंडिराव—सभी ब्राह्मण-पंडित-पुरोहित अपने धर्मशास्त्रों (धर्मग्रन्थ) के आधार पर यह कहते हैं कि, परशुराम आदिनारायण का अवतार है। वह चिरंजीवी है। वह कभी भी मरता नहीं। और आप कहते हैं कि परशुराम ने आत्महत्या की है। इसका क्या अर्थ है?

ज्योतिराव—दो साल पहले मैंने शिवाजी महाराज के नाम एक पवाडा[4] लिखा था। उस पवाडे के पहले छन्द में मैंने कहा था कि, सभी ब्राह्मणों ने अपने परशुराम को न्योता देकर बुलाना चाहिए और उसकी उपस्थिति में मेरे सामने इस बात का खुल्लम-खुल्ला खुलासा करना चाहिए कि आजकल के मातंक-महारों के पूर्वज परशुराम से इक्कीस बार लड़ने वाले महाअरी क्षत्रिय थे या नहीं, इसकी सूचना ब्राह्मणों को दी गयी। लेकिन वास्तविकता यह है कि उन्होंने परशुराम को न्योता देकर नहीं बुलाया। इससे यह बात स्पष्ट होती है कि परशुराम सचमुच में आदिनारायण का अवतार नहीं था और न वह चिरंजीवी था। यदि परशुराम आदिनारायण का अवतार होता और वह चिरंजीनी होता तब ब्राह्मणों ने उसको कब का खोज लाया होता। और मेरी बात तो क्या सारी दुनिया के ख्रिस्ती और महम्मदी लोगों के मन का समाधान करके उनकी समझ के अनुसार सभी म्लेच्छ लोगों के विद्रोह को अपनी मंत्रविद्या की सामर्थ्य से तहस-नहस करने में उन्होंने कभी किसी भी तरह से आगे पीछे न देखा होता।

धोंडिराव—मुझे ऐसा लगता है कि आपने स्वयं पुनः एक बार परशुराम को यहाँ बुलाना चाहिए। यदि परशुराम सचमुच में जिन्दा है तब वह निश्चित रूप से चला आयेगा। क्योंकि आज कल के ब्राह्मण यदि अपने आपको कितना भी विविध-ज्ञानी होने का दावा करते हों, फिर भी उनको परशुराम के मतानुसार भ्रष्ट और पतित ही मानना चाहिए। इस बात के लिए प्रमाण यह है कि अभी-अभी कई ब्राह्मणों ने शास्त्र विधि के अनुसार करेले खाने का निषेध किया है। लेकिन ब्राह्मणों ने धर्म

शास्त्रों द्वारा निषिद्ध ठहराये गये मालियों के द्वारा सींचे गये पानी से उत्पन्न गाजरों को छिपा-छिपाकर खाने की होड़ लगा दी थी।

ज्योतिराव—ठीक है। जो भी कुछ क्यों न हो। चिरंजीव परशुराम अर्थात् आदिनारायण के अवतार को। मुकाम सब जगह,

तात, परशुराम! तू ब्राह्मणों की ग्रन्थों की वजह से चिरंजीवी है। करेला कड़ुवा क्यों न हो किन्तु तुमने विधिपूर्वक करेले खाने का निषेध नहीं किया है। परशुराम! तुमको पहले जैसे मछुआओं की लाश से दूसरे नये ब्राह्मण पैदा करने की गरज नहीं पड़ेगी। क्योंकि आज यहाँ तेरे द्वारा लाश से पैदा किये गये जो ब्राह्मण हैं उनमें कई ब्राह्मण विविधज्ञानी हो गये हैं। अब तुझे उनको बहुत ज्यादा ज्ञान देने की भी आवश्यकता नहीं रहेगी। इसलिए हे परशुराम! तू यहाँ आ। और जिन ब्राह्मणों ने शूद्र मालियों के द्वारा खेत में उत्पन्न गाजरों को खूब खाये उन सभी ब्राह्मणों को चान्द्रायन प्रायश्चित्त देकर उन पर तुम वेदमन्त्रों के जादू की सामर्थ्य से पहले जैसे कुछ चमत्कार अंग्रेज, फ्रेन्च आदि लोगों को, दिखा दे, बस हो जायेगा। हे परशुराम, तू इस तरह मुँह छिपाकर भगोड़ा बनकर मत घूमा कर। तू इस नोटिस की तारीख से छह माह के भीतर-भीतर यहाँ पर उपस्थित हो सका तब तो मैं ही नहीं सारी दुनिया के लोग तेरे को सचमुच में आदिनारायण का अवतार ही है, ऐसा समझेंगे और लोग तेरा सम्मान करेंगे। लेकिन तू यदि वैसा न कर सका, तब यहाँ के महार-मातंग हमारे म्हैसोबा[5] के पीछे छिपकर बैठे हैं। वे लोग तुम्हारे विविधज्ञानी कहलाने वाले ब्राह्मण बच्चों को खींचकर बाहर ले आयेंगे। और उनके बेहाल करने में कोई कसर बाकी नहीं रखेंगे। इसका परिणाम यह होगा कि उनके भाण्डों के इकतारा (तुणतुणा, एकतारा) वाद्य की तार टूट जायेगी और उनकी झोली में पत्थर गिर जायेंगे। फिर उन्हें विश्वामित्र जैसे भूखे कंगाल रहने पर इतनी मजबूरी का सामना करना पड़ेगा कि, उनको कुत्ते का मांस खाना पड़ेगा। इसलिए हे परशुराम! तुम अपने विविधिज्ञानी ब्राह्मणों पर ऐसी स्थिति न लाओ।

आपका सत्यरूप देखने वाला
ज्योतिराव गोविन्दराव फुले

तारीख 1 ली,
महीना अगस्त,
सन् 1872
पुना, जुनागंज
मकान न. 527

सन्दर्भ

1. उसी प्रकार भराडी के पूँगी को और वाध्या के भण्डारी को काला धागा है, उसे देखिये। जानाई देवी को सटवाई, मायराणी, कालकाई, जैसी शूद्र देवी कहते हैं।

2. आसरा—जल देवी सात प्रकार की होती है।
3. बाणासुर की कन्या उषा कृष्ण के प्रद्युम्न नाम के पुत्र को दी गयी थी। परभु या प्रभु गैर ब्राह्मणों की एक जाति—जिसको महाराष्ट्र में सी.के.पी. कहते हैं। सही उत्तर-पूर्व भारत की कायस्थ जाति है। ब्राह्मण लोग इस जाति के लोगों से भी शूद्र जैसा ही व्यवहार करते थे।
4. पवाडा—वीरगाथा।
5. म्हैसोबा—अर्थात् म्हशाशूर, महिषासुर। देवी द्वारा मारा गया एक दैत्य। महिष एक असुर का नाम, जो तमोगुण का प्रतीक है और दुर्गा अपनी शक्ति से इसी का छेदन करती है इस प्रकार की कहावत है।

परिच्छेद : नौ

वेदमन्त्र, जादू का प्रभाव, अनछर पढ़कर मारना, भक्ति का दिखावा करना, जप, चार वेद, ब्रह्मजाल, नारदशाही, नया ग्रन्थ, शूद्रों की पढ़ने-पढ़ाने पर पाबन्दी, भागवत और मनुसंहिता में असमानता आदि के सम्बन्ध में।

धोंडिराव–सचमुच में आपने उनके मूल पर ही प्रहार किया है। आपके कहने के अनुसार परशुराम मर गया। और मिट्टी में भी मिल गया, इसमें कोई सन्देह नहीं। किन्तु शेष सभी क्षेत्रपतियों के मन पर ब्राह्मणों के मन्त्रों का प्रभाव कैसे पड़ा? कृपया आप इस बात को हमें जरा समझाइये।

ज्योतिराव–क्योंकि उस समय ब्राह्मण लोग युद्ध में हर एक शस्त्र पर मन्त्र विधि करके उन शास्त्रों में प्रहार की क्षमता लाये बगैर उनका शत्रु पर प्रयोग करते नहीं थे। उन्होंने इस तरह से जब कई दाँवपेंच लड़ाकर बाणासुर की प्रजा और उसके राजकुल को धूल में मिला दिया, उस समय बड़ी आसानी से शेष सभी भोले-भाले क्षेत्रपतियों के दिलो-दिमाग पर ब्राह्मणों की विद्या का डर फैल गया था। इसका प्रमाण इस तरह से दिया जा सकता है कि भृगु नाम के ऋषि ने जब विष्णु की छाती पर लात मारी, तब विष्णु ने (उनके मतानुसार आदि नारायण) ऋषि के पाँव को तकलीफ हो गयी होगी, समझकर उसने ऋषि के पाँव की मालिश करना शुरू किया। अब इसका सीधा अर्थ स्वार्थ से जुड़ा हुआ है। वह यह कि, जब साक्षात आदि-नारायण को जो स्वयं विष्णु है उसने ब्राह्मण की लत्थि को बर्दाश्त करके उसके ही पाँव की मालिश की अर्थात् सेवा की। तब हम जो शूद्र लोग हैं, (जिनके कहने के अनुसार शूद्र प्राणी) यदि ब्राह्मणों ने अपने हाथों से या लत्थि से मार-पीटकर उनकी जान भी ले ली, तब भी उन्होंने हाँ या ना नहीं कहना चाहिए।

धोंडिराव–फिर आज जिन नीची जाति के लोगों के पास जो कुछ जादूमन्त्र विद्या है उसको उन्होंने कहाँ से सीख लिया होगा?

ज्योतिराव–आजकल के लोगों के पास जो कुछ अनछर पढ़ने की (मूठ मारने की), मोहिनी देने की बंगाली जादूमन्त्र विद्या हैं, उसको उन्होंने केवल वेदों के जादूमन्त्र विद्या से नहीं लिया होगा, ऐसे कोई भी नहीं कह सकता। क्योंकि, अब

जब कि उसमें बहुत हेरफेर हुई है, बहुत शब्दों के उच्चारणों का अपभ्रंश हुआ है, फिर भी उसके अधिकांश मन्त्रों में और मन्त्रों-तन्त्रों में 'ओम् नमो, ओम् नमः ओं हीं, हों नमः' आदि वेदमन्त्रों के वाक्यों की भरमार है। इससे यह प्रमाणित होता है कि ब्राह्मणों के मूल पूर्वजों ने इस देश में आने के बाद बंगाल में सब से पहले अपनी बस्ती बसायी होगी। उसके बाद उनकी जादूमन्त्र विद्या यहाँ से चारों ओर फैली होगी। इसलिए इस विद्या का नाम बंगाली विद्या पड़ा होगा। इतना ही नहीं बल्कि आर्यों के पूर्वज आज के अनपढ़ लोगों की तरह अलौकिक (चमत्कार) शक्ति का (देव्हारा घुमविणारे) प्रदर्शन करने वाले भी थे। क्योंकि उस काल में उन लोगों में अलौकिक शक्ति का प्रदर्शन करने वाले लोगों को ब्राह्मण कहा जाता था। ब्राह्मण पुरोहित लोग सोमरस नाम की शराब पीते थे और उस शराब के नशे में बड़बड़ाते थे। और कहते थे कि, हम लोगों के साथ ईश्वर (परमात्मा, देव) बात करते हैं। उनके इस तरह के कहने पर अनाड़ी लोगों का विश्वास जम जाता था, उनसे इनके प्रति श्रद्धा उत्पन्न होती थी, थोड़ा डर भी उत्पन्न होता था। इससे वे इन अनाड़ी लोगों को डराकर उनको लूटते थे। इस तरह की बातें उनके ही वेद-शास्त्रों से सिद्ध होती हैं।[1] उसी अपराधी विद्या के आधार पर आज के इस प्रगत, आधुनिक युग में आज के ब्राह्मण-पंडित-पुरोहित अपना और अपने परिवार का पेट पालने के लिए जप, अनुष्ठान, जादूमन्त्र विद्या के द्वारा अनाड़ी माली, कुणबियों को जादू का धागा बाँधकर उनको लूटते हैं.....फिर भी उन अनाड़ी अभागे लोगों को उन पाखण्डी, धूर्त मदारियों की (ब्राह्मण-पण्डित-पुरोहितों की) जालसाजी पहचानने के लिए समय भी कहाँ मिल रहा है। क्योंकि ये अनाड़ी लोग सभी दिन भर अपने-अपने खेत के काम में जुते रहते हैं। और अपने बाल-बच्चों का पेट पालते हुए सरकार को लगान देते-देते उनके नाक में दम चढ़ जाता है।

धोंडिराव—मतलब, जो ब्राह्मण यह शेखी बघारते हैं कि ब्रह्मा के मुँह से चार वेद निकले हैं, वेद स्वयंभू है, उसके कहने में और आपके कहने में कोई तालमेल नहीं है।

ज्योतिराव—तात, इन ब्राह्मणों का मत पूरी तरह से मिथ्या है। क्योंकि, यदि उनका कहना सही मान लिया जाय तब ब्रह्मा के मरने के बाद ब्राह्मणों के कई ब्रह्मर्षियों या देवियों द्वारा रचे गये सूक्त ब्रह्मा के मुँह से स्वयंभू निकले हुए वेदों में क्यों मिलते हैं? उसी प्रकार चार वेदों की रचना एक ही कर्ता द्वारा एक ही समय में हुई है यह बात भी सिद्ध नहीं होती, इस तरह का मत कई यूरोपियन परोपकारी ग्रन्थकारों ने सिद्ध करके दिखाया है।

धोंडिराव—तात, फिर ब्राह्मण-पण्डितों ने यह ब्राह्म घोटाला कब किया?

ज्योतिराव—तात, ब्रह्म के मरने के बाद कई ब्रह्मर्षियों ने ब्रह्मा के लेख को तीन हिस्सों में विभाजित किया। मतलब उन्होंने उसके तीन वेद बनाये। फिर उन्होंने उन तीन वेदों में भी कई प्रकार की हेराफेरी की। उनको पहले की जो कुछ गलत सलत

व्यर्थ की बातें मालूम थीं, उस पर उन्होंने उसी रंगढंग की कविताएँ रचकर उनका एक नया चौथा वेद बनाया। इसी काल में परशुराम ने बाणासुर की प्रजा को बेरहमी से धूल खिलायी थी। इसीलिए स्वाभाविक रूप से ब्राह्मण-पुरोहितों के वेदमन्त्रादि जादू का प्रभाव अन्य सभी क्षेत्रपतियों के दिलो-दिमाग पर पड़ा। यही मौका देखकर नारद ने जो हिजड़ों की तरह औरतों में ही अक्सर बैठता-उठता था, उसने रामचन्द्र और रावण, कृष्ण और कंस तथा कौरव और पाण्डव आदि सभी भोलेभाले क्षेत्रपतियों के घर-घर में रात और दिन चक्कर लगाना शुरू कर दिया था। उसने उनके बीवी-बच्चों को कभी अपने इकतारे (वीणा) से आकर्षित किया। कभी उसने उनको इकतारे की तार को तुन-तुन बजाकर और उनके सामने थयू-थयू नाचते हुए तालियाँ बजायीं और उनको आकर्षित किया। इस तरह का स्वाँग रचाकर और इन क्षेत्रपतियों को, उनके परिवारों को ज्ञान का उपदेश देने का दिखावा करके अन्दर ही अन्दर उनमें आपस में एक-दूसरे की चुगलियाँ एक-दूसरे से कहकर उसने इनमें आपस में झगड़े लगवा दिये। और सभी ब्राह्मण पुरोहितों को उसने आबाद-आजाद करा दिया। इसका परिणाम यह हुआ कि ब्राह्मण ग्रन्थकारों ने उस काल में सभी लोगों की नजरों में धूल झोंककर अपनी सारी वेदमन्त्रों की जादू (यातूविद्या) और उससे सम्बन्धित सारी व्यर्थ की बातें आदि उन सभी का मिलाप करवाकर कई स्मृतियाँ, संहिताएँ, धर्मशास्त्र, पुराण आदि बड़े-बड़े गट्ठा ग्रन्थों को अपने घर की चार दीवारों के अन्दर बैठकर के ही लिख डाला। और उन ग्रन्थों में उन्होंने शूद्रों पर ब्राह्मण लोगों के स्वामित्व का समर्थन किया है। उन्होंने उन ग्रन्थों में हमारे खानदानी सिपाहीगिरी के रास्ते में कँटीला खम्बा गाड़ दिया है। और अपनी नकली धार्मिकता का लेप लगा दिया है। फिर उन्होंने यह सारा ब्रह्मछल बाद में फिर कभी शूद्रों के ध्यान में भी न आने पाये इस डर से या उन ग्रन्थों में मन चाहे उस प्रकार से परिवर्तन करने की सुविधा हो इसलिए शूद्रों को ज्ञान-ध्यान से पूरी तरह दूर रखा। उन्होंने पाताल में दफनाये गये शूद्रादि लोगों को किसी ने भी पढ़ना-लिखना नहीं सिखाना चाहिए इस तरह का विधान मनुसंहिता जैसे ग्रन्थों में बहुत ही सूझबूझ के साथ और बहुत ही प्रभावी ढंग से लिख कर रखा है।

धोंडिराव–तात, क्या भागवत भी उसी समय में लिखा गया होगा?

ज्योतिराव–तात, भागवत भी उसी समय लिखा गया होता तो सबके पीछे से हुए अर्जुन के जनमजेय नाम के पड़पोते की हकीकत उसमें कभी न आयी होती।

धोंडिराव–तात आपका कहना सही है। क्योंकि उसी भागवत में कई पुरातन कल्पित व्यर्थ की पुराणकथाएँ ऐसी मिलती हैं कि उससे इसाबनीति हजारों गुणा अच्छी मानना पड़ेगी। इसाबनीति में बच्चों के दिलो-दिमाग को भ्रष्ट करने वाली एक भी बात नहीं मिलेगी।

ज्योतिराव–उसी तरह मनुसंहिता भी भागवत के बाद में लिखी गयी होगी, यह सिद्ध किया जा सकता है।

धोंडिराव—तात, इसका मतलब यह कैसे होगा कि मनुसंहिता भागवत के बाद में लिखी गयी होगी?

ज्योतिराव—क्योंकि भागवत के वशिष्ठ ने इस तरह की शपथ कि, मैंने हत्या नहीं की है, सुदामन राजा के सामने लेने की उपमा मनु ने अपने ग्रन्थ के 8वें अध्याय में 110वें श्लोक में कैसे ली है? उसी प्रकार विश्वमित्र ने आपातकाल में कुत्ते का मांस खाने के सम्बन्ध में उसी ग्रन्थ के 10वें अध्याय के 108वें श्लोक में क्यों लिखा है। इसके अलावा भी इसी मनुसंहिता में कई असंगत बातें मिलती हैं।

सन्दर्भ

1. कई यूरोपियन ग्रन्थकारों की भी यही मान्यता है।

परिच्छेद : दस

दूसरा बलि राजा, ब्राह्मण धर्म की दुर्दशा, शंकराचार्य की बनावटी बातें, नास्तिक मान्यता, निर्दयता, प्राकृतग्रन्थकर्ता, कर्म और ज्ञानमार्ग, बाजीराव पेशवा, मुसलिमों से नफरत और अमरीकी तथा स्कॉच उपदेशकों ने ब्राह्मणों के कृत्रिम किले की दीवारें तोड़ दीं आदि के सम्बन्ध में।

धोंडिराव—तात, अब तो चरम सीमा हो गयी। क्योंकि आपने शिवाजी के पवाडे की प्रस्तावना में यह लिखा था और सिद्ध किया था कि, चार घर की चार ग्रन्थकर्ता ब्राह्मण लड़कियों ने मिलकर घर की कोठरी में झूठ-फरेबी का खेल खेला।

ज्योतिराव—किन्तु यह कहा जा सकता है कि, आगे जब वह एक दीन (दलितों) का दाता, समर्थक, महापवित्र, सत्यज्ञानी, सत्यवक्ता बलि राजा इस दुनिया में पैदा हुआ, तब हम सभी को पैदा करने वाले ने, हम सबके निर्माणकर्ता ने हम सभी को दिये गये सत्य, पवित्र ज्ञान का और अधिकार का सभी को समान उपभोग लेने का समान अवसर सबको प्राप्त हो इसलिए उस बलि राजा ने सभी ब्राह्मणों की अर्थात् बनावटी, दुष्ट, धूर्त, मतलबी, बहेलियों (फासे पारधी) की गुलामी से अपने दीन, दुर्बल और शोषित भाइयों को मुक्त करके न्याय पर आधारित राज्य की स्थापना करके उसने अपनी जेष्ठ महिलाओं के भविष्य की आकांक्षाओं को कुछ हद तक पूरा किया। तात, जहाँ मिस्टर टॉम्स पेन्स जैसे बड़े-बड़े विद्वानों के पूर्वजों ने इस बलि राजा के प्रभाव में आकर अपने पीछे की सारी बलाएँ दूर कीं और वे सुखी हुए। लेकिन अन्त में जब उस बलि राजा को (ईसा मसीह) चार दुष्ट लोगों ने सूली पर चढ़ाया उस समय सारे यूरोप में बड़ा तहलका मच गया था, करोड़ों लोग उसके अनुयायी हो गये। और वे अपने निर्माणकर्ता के शासन के अनुसार इस दुनिया में केवल उन्हीं की सत्ता कायम हो इसलिए रात और दिन प्रयत्नशील रहे। लेकिन इसी समय इस देश में कुछ स्वस्थ वातावरण होने की वजह से यहाँ के कई बुद्धिमान खेतिहरों और किसानों ने उस घर की कोठरी के अन्दर की नादान लड़कियों के झूठ-फरेबी के खेल को ही तहस-नहस कर दिया। मतलब सांख्य मुनि जैसे बुद्धिमान सत्पुरुषों ने ब्राह्मणों के वेद मन्त्र, जादूविधि के अनुसार चमत्कार का प्रदर्शन किया। उसने

उन ब्राह्मणों को भी अपने धर्म का अनुयायी बनाया जो पशुओं की बलि चढ़ाकर के उत्सव-यात्रा के बाहने गोमांस भक्षण करते थे। उसी प्रकार जो ब्राह्मण घमण्डी, पाखण्डी, स्वार्थी, दुराचारी आदि दुर्गुणों से युक्त थे और जिन ग्रन्थों में जादू मन्त्रों के अलावा और कुछ नहीं था ऐसे ग्रन्थों पर तेल-काजल का लेप लगाकर अर्थात् उन ग्रन्थों को नकारते हुए, उसने अधिकांश ब्राह्मणों को होश में लाया। लेकिन उन लोगों में शंकराचार्य नाम अपनाकर एक तरह से वितंडावादी विद्या जानने वाला महापण्डित पैदा हुआ। उस ब्राह्मणवादी पण्डित ने जब यह देखा कि, अपने ब्राह्मण जाति के दुष्ट कर्म की धूर्तता की सभी ओर निन्दा हो रही है, छि-थूं हो रही है और बुद्ध के धर्म का चारों ओर प्रचार हो रहा है तो उसको अपनी आँखों से यह सब देखा नहीं गया, सहा नहीं गया। उसने यह भी देखा कि, अपने लोगों का (ब्राह्मण-पण्डित-पुरोहित) पेट पालने का धन्धा ठीक से चल नहीं रहा है, इसलिए उसने एक नया ब्रह्मजाल खोज निकाला। जिन दुष्ट कर्मों की वजह से उनके वेदों सहित सभी ग्रन्थों का बौद्ध जनता ने निषेध करते हुए, उनके दर्शन का पराजय किया था उसका उस शंकराचार्य ने बड़ी गहराई से अध्ययन किया था। और बौद्धों ने जिन बातों के लिए ब्राह्मणों की आलोचना की थी उसने उसमें से केवल गोमांस खाना और शराब पीना निषिद्ध मान लिया। लेकिन उसने बाद में अपने सभी ग्रन्थों में थोड़ी-बहुत हेराफेरी करके उन सभी को मजबूती आने के लिए एक नये मत-वाद की स्थापना की। शंकराचार्य की उस विचारधारा को वेदान्त या ज्ञान मार्ग कहा जाता है।

बाद में उसने यहाँ शिवलिंग की स्थापना की। उसने इस देश में जो तुर्क आये थे उन्हें हिन्दुओं के एक वर्ण क्षत्रियों में शामिल कर लिया। फिर उसने उनकी मदद से मुसलिमों की तरह तलवार के बल पर बौद्धों को पराजित किया। और फिर पुनः उसने अपनी उस शेष जादूमन्त्र विद्या का और भागवत की व्यर्थ की पुराण कथाओं का प्रभाव अज्ञानी शूद्रों के दिलो-दिमाग पर थोप दिया। शंकराचार्य के इस हमले में उसके लोगों ने बौद्ध धर्म के कई लोगों को तेली के कोल्हू में ठूँस-ठूँस करके मौत के घाट उतार दिया। इतना ही नहीं तो शंकराचार्य के लोगों ने बौद्धों के असंख्य मौलिक और अच्छे-अच्छे ग्रन्थों को जला दिया। उसमें उन्होंने अमर कोश जैसा ग्रन्थ केवल अपने उपयोग के लिए बचाया। बाद में जब उस शंकराचार्य के डरपोक चेले पण्डित-पुरोहितों की तरह दिन में ही मशालों को जलाकर डोली में सवार होकर चारों ओर सधवा नारी की तरह नोकझोंक करके नाचते हुए घूमने लगे। अर्थात् ब्राह्मणों को नंगा नाच करने की पूरी स्वतन्त्रता मिल गयी। उसी समस मुकुंदराज, ज्ञानेश्वर, रामदास आदि जैसे पायली के पचास ग्रन्थकार हुए और बेहिसाब, बेभाव बिक गये। लेकिन उन ब्राह्मण ग्रन्थकारों में किसी एक ने भी शूद्रादि अतिशूद्रों के गले की गुलामी की जंजीरें तोड़ने की हिम्मत नहीं दिखायी। क्योंकि उनको उनके, सभी कर्मों का खुलेआम त्याग करने की हिम्मत नहीं थी। इसलिए

उन्होंने उन सभी दुष्ट कर्मों को कर्म मार्ग और नास्तिक मतों को ज्ञानमार्ग इस तरह के भिन्न-भिन्न दो भेद करके उन पर कई पाखंडी, निरर्थक ग्रन्थों की रचना की। इस तरह उन्होंने अपने जाति के स्वार्थों का जीजान से रक्षण किया और उन्होंने अज्ञानी शूद्रों से लूटखसोट करके अपनी जाति को खूब खिलाया। लेकिन बाद में उन्होंने पूरी लज्जा-शर्म छोड़ दी। और हर रात को जो कुकर्म नहीं करना चाहिए उसको भी करने लगे। फिर ब्राह्मण लोग दिन का एक चौथाई समय गुजरने तक मुसलिमों का मुँह न देखना चाहिए इसके लिए रजस्वला स्त्री की तरह घर के घर में ही मांगलिक अवस्था में रहने वाले राजाओं के दरबार में इकट्ठा होते थे। लेकिन अब समय ने करवट ले ली थी। पहले दिन के बीतने और दूसरे दिन के प्रभाव में सभी मेहनतखोर ब्राह्मणों को ऐयाशी और गुलछर्रे उड़ाने के लिए जो सुखसुविधाएँ मिलने वाली थीं, उसके पहले ही अंग्रेज बहादुरों का झण्डा चारों ओर लहराने लगा। उस समय उस बलि राजा के अधिकांश अनुयायी अमरीकी और स्कॉच उपदेशकों ने (मिशनरियों ने) अपने-अपने देश की सरकारों की किसी भी प्रकार की परवाह न करते हुए वे लोग इस देश में आये। बलि राजा ने जो सही उपदेश दिया था उसका सभी नकली, दृष्ट, धूर्त ब्राह्मणों को प्रमाण द्वारा सिद्ध करके दिखाया और उन्होंने कई शूद्रों को ब्राह्मणों की इस अत्यन्त अमानवीय गुलामी से मुक्त किया। उन्होंने शूद्रों के (शूद्रादि-अतिशूद्र) गले में ब्राह्मणों द्वारा सदियों से टाँगी हुई गुलामी की बेड़ियों को तोड़ दिया। और उन्होंने उन गुलामी की बेड़ियों को ब्राह्मणों के मुँह पर फेंक दिया। उस समय अधिकांश ब्राह्मण अपने दिलो-दिमाग में समझ गये कि, अब ये ख्रिस्ती उपदेशक (मिशनरी) अपना नकली प्रभाव अन्य शूद्रों पर बिल्कुल टिकने नहीं देंगे। यह उनकी पक्की समझ हो गयी थी। वे अपने सारे ढोल के पोल खोल के रख देंगे, इसी डर की वजह से उन्होंने राजा बलि के अनुयायी उपदेशकों और अज्ञानी शूद्रों की साँठ-गाँठ, मेल-मिलाप होने से पहले ही और उन दोनों में गहरी पहचान होने से पहले ही बलि राजा के अनुयायी उपदेशकों और अंग्रेज सरकार को इस देश से भी भगा देने के इरादे से कई हथकण्डे अपनाये। कई ब्राह्मणों ने अपनी खानदानी पाखण्डी (वेद) विद्या की मदद से अज्ञानी शूद्रों को उपदेश देना शुरू कर दिया कि जिससे उनके मन में अंग्रेज सरकार के प्रति घृणा और नफरत की भावना जग जाय। लेकिन दूसरी तरफ कुछ ब्राह्मणों ने अंग्रेजी विद्या भी प्राप्त की। और उसके माध्यम से ब्राह्मणों के कुछ लोग बाबू, क्लर्क हुए। और कुछ अन्य सरकारी सेवाओं में गये। इस तरह से ब्राह्मण लोग कई प्रकार का सरकारी काम अपनाकर सभी प्रकार की सरकारी नौकरियों में पहुँचे अंग्रेजों का सरकारी या घरेलू ऐसा एक भी काम नहीं है जहाँ ब्राह्मण न पहुँचे हों।

परिच्छेद : ग्यारह

पुराण सुनाना, झगड़ाखोरी का परिणाम, शूद्र संस्थानिक, कुलकर्णी, सरस्वती की प्रार्थना, जप, अनुष्ठान, देवस्थान, दक्षिणा, बड़े कुलनामों की सभाएँ आदि के सम्बन्ध में।

धोंडिराव—तात, यह बात पूरी तरह सत्य है कि इन अधर्मी मदारियों के (ब्राह्मणों के) झगड़ालू आदि पूर्वजों ने इस देश में आकर यहाँ के हमारे आदि पूर्वजों को (मूलनिवासियों को) पराजित किया। फिर उन्होंने उनको अपना गुलाम बनाया। फिर उन्होंने अपनी बाहुओं को प्रजापति बनाया और उसके माध्यम से उन्होंने यहाँ-वहाँ दहशत फैलायी। इसमें उन्होंने अपना कोई बहुत बड़ा पुरुषार्थ दिखाया है, इस बात को मैं कदापि स्वीकार नहीं कर सकता। लेकिन यदि अपने पूर्वजों ने ब्राह्मणों के पूर्वजों को पराजित किया होता तब तो अपने उन पूर्वजों ने बाहुओं का लिंग बनाकर ब्राह्मणों के पूर्वजों को अपने गुलाम बनाने में क्या सचमुच में कुछ आनाकानी की होती? तात, छोड़ दीजिए इस बात को। बाद में फिर जब ब्राह्मणों ने अपने उन पूर्वजों के धींगाधींगी को, मौका देखकर ईश्वरी धर्म का रूप दे दिया और उस नकली धर्म की छाया में कई ब्राह्मणों ने तमाम अज्ञानी शूद्रों के दिलो-दिमाग में हमारे दयालु अंग्रेज सरकार के प्रति पूरी तरह से नफरत पैदा करने की कोशिश की। मतलब यह कौन-सी बातें थीं?

ज्योतिराव—कई ब्राह्मणों ने सार्वजनिक स्थानों पर बनवाये गये हनुमान मन्दिरों में रात-रात बैठकर बड़ी धार्मिकता का प्रदर्शन किया। वहाँ उन्होंने गम्भीर ज्ञान प्रदर्शन समझाने का झूठा प्रदर्शन किया। वहाँ उन्होंने दिखावे के लिए भागवत जैसे ग्रन्थों की दकियानूसी बातें अनपढ़ शूद्रों को पढ़ाईं और उनके दिलो-दिमाग में अंग्रेजों के प्रति नफरत की, घृणा की भावना पैदा की। इन ब्राह्मण-पण्डितों ने उन अनपढ़ शूद्रों को मन्दिरों के माध्यम से यही पढ़ाया कि उन बलि के मतानुयायियों की छाया में भी खड़े नहीं रहना चाहिए। उनका इस तरह का नफरत भरा उपदेश क्या सचमुच में अकारण था? नहीं, बिल्कुल अकारण नहीं था। बल्कि उन ब्राह्मणों ने समय का पूरा लाभ उठाकर उसी ग्रन्थ की बेतुकी बातें पढ़ाकर सभी अनपढ़ शूद्रों के मन में

अंग्रेजी राज के प्रति नफरत की भावना के बीज बो दिये। इससे उन्होंने इस देश में बड़ी-बड़ी धींगाधींगी को पैदा किया है या नहीं?

धोंडिराव–हाँ, तात आपका कहना सही है। क्योंकि आज तक जितनी भी धींगाधींगी हुई है, उसमें भीतर से कहो या बाहर से ब्राह्मण-पण्डित-पुरोहित वर्ग के लोग अगुवाई में नहीं रहे थे, ऐसा हो ही नहीं सकता। इस द्रोह का पूरा नेतृत्व वे ही लोग कर रहे थे। देखिये, उमाजी रामोशी[1] की धींगाधींगी में काले पानी की सजा भोगने वाले धोंडोपत नाम के एक (ब्राह्मण) व्यक्ति का नाम आता है। उसी प्रकार कलपरसों के चपाती (1857 के) संग्राम में परदेशी ब्राह्मण पाण्डे, कोंकण का नाना (पेशवे), तात्या टोपे आदि कई देशस्थ[2] ब्राह्मणों के ही नाम मिलते हैं।

ज्योतिराव–लेकिन उसी समय शूद्र संस्थानिक शिन्दे, होलकर आदि लोग नाना फडणीस के कुछ हद तक सेवक की हैसियत से सम्बन्धित थे। उन्होंने उस धींगामस्ती करने वालों की कुछ भी परवाह नहीं की। और उस मुसीबत में हमारी अंग्रेज सरकार को कितनी सहायता की, इस बात को भी देखिये। लेकिन छोड़ दीजिए अब इन बातों को हमारी सरकार को इन ब्राह्मणों की उस धींगामस्ती को तहस-नहस करने के लिए बड़े भारी कर्ज का बोझ भी उठाना पड़ा होगा और उस कर्ज के बोझ को चुकाने के लिए पहले-पहल पर्वती[3] जैसे फिजूल संस्थान की आय को हाथ लगाने की बजाय हमारी सरकार ने नये करों का बोझ किस पर डाल दिया? अपराधी कौन है और अपराध न करने वाले लोग कौन हैं इस बात की हमारी सरकार ने पहचान किये बगैर ही सारी जनता पर कर (लगान) लगाना ठीक नहीं था। किन्तु यह कर इन बेचारे अनपढ़ शूद्रों से वसूल करने का काम हमारी इस मूर्ख सरकार ने किसके हाथों में सौंप दिया, इस बात पर भी हमको सोचना चाहिए। ब्राह्मण लोग मन के अन्दर ही अन्दर शूद्र संस्थानिकों को जी-जान से इसलिए गाली-गलौज कर रहे थे क्योंकि उन्होंने इनकी जाति के नाना फडणीस को उचित समय पर मदद नहीं की, जिसकी वजह से उसकी अंग्रेजों के साथ लड़ते हुए पराजय हुई। अंग्रेज सरकार ने उन लोगों के हाथ में कर वसूली का काम सौंप दिया, जो शूद्र संस्थानिकों को जी भर के गाली-गलौज करने वाले थे, दिन में तीन बार स्नान करके मांगल्यता का ढिंढोरा पीटने वाले थे, धनलोलुप और ब्राह्मणनिष्ठ ब्राह्मण कुलकर्णी थे, उन्हीं को दिया था। अरे, इस कामचोर ग्राम राक्षसों को (ब्राह्मण कर्मचारी) उन मूल ब्रह्म राक्षसों ने जिस दिन से सरकारी काम की जिम्मेदारी दे दी उस दिन से उन्होंने शूद्रों की कोई परवाह नहीं की। किसी समय मुसलिम राजाओं ने गाँव के सभी पशुओं की, पक्षियों की गरदनों को छुरी से काट कर उनको हलाल करने का हुक्म अपने जाति के मौलानाओं को सौंप दिया था। लेकिन उनकी तुलना में देखा जाए तो स्पष्ट रूप से पता चल जायेगा कि ब्राह्मण-पण्डितों ने अपने कलम की नोक पर शूद्रों की गरदनें छाँटने में उस मौलाना को भी काफी पीछे धकेल दिया है, इसमें कोई दो राय

नहीं है। इसीलिए तमाम लोगों ने सरकार की बिना परवाह किये इस ग्रामराक्षरों को (ब्राह्मणों को) जो 'कलम कसाई' की उपाधि दी गयी है वह आज भी प्रचलित है। और अपनी मूर्ख सरकार उनका अन्य सभी कामगारों की तरह तबादला करने की बजाय उनकी सिर्फ स्वीकृति लेकर अज्ञानी लोगों पर लगान (कर) मुकर्रर करने के कारण नोटिस तैयार करती है। बाद में उसी कुलकर्णी को सभी शूद्र किसानों के घर-घर जाकर नोटिस बाँटने का काम दिया जाता है। बाद में उन नोटिसों को घर-घर पहुँचाकर उनसे मिलने वाले कुलकर्णियों की सिर्फ स्वीकृति लेकर सरकार उनमें से कई नोटिसों को खारिज कर देती है और अनपढ़ लोगों को लगान बहाल कर देती है। अब इसको कहें भी क्या?

धोंडिराव—क्या, ऐसा करने से कुलकर्णियों को कुछ फायदा भी होता होगा?

ज्योतिराव—उससे उन कुलकर्णियों को कुछ फायदा भी होता होगा या नहीं, यह वे ही जानते हैं। लेकिन उनको यदि किसी वाहियात फतूरिया से कुछ लाभ न भी होता तो, फिर भी वे उन पर इस तरह की नोटिस भिजवाकर उनकी कम से कम चार आठ दिन की रुकावट निश्चित रूप से पैदा करते होंगे। और जाने अनजाने में उसकी आने-जाने में सारी शक्ति खर्च करवाते होंगे, इसमें कोई सन्देह नहीं। वे उन पर अपना रुतबा जमाकर के उनके कामों की बिल्कुल उपेक्षा करते होंगे। बाद में उन्होंने शेष सभी काम बगुला भगत की तरह पूरी आत्मीयता से किया होगा। इसीलिए सभी अनपढ़ छोटे-बड़े लोगों ने और शंकराचार्य जैसे लोगों ने भी लक्ष्मी की इसलिए स्तुति की कि "ये हमारी सरकारी सरस्वती मैया! तू अपने कानून से रोकती है और लाच खाने वालों को और उसी तरह लाचार होकर लाच देने वाले को दण्ड देती है, इसीलिए तू धन्य है।" इससे कई लोग प्रसन्न हुए और उन्होंने कुछ कुलकर्णियों के घरों पर कई दिनों तक लगातार पैसों की बारिश बरसायी। इसलिए कुछ लोगों ने इसके खिलाफ शोरशराबा मचाया। यदि यह बात सच है तो उसकी पूरी जाँच पड़ताल करनी चाहिए। और ऐसे हरामखोर कुलकर्णियों को किसी गधे पर बैठाकर उसको गाँव के तमाम रास्तों से घुमाने का काम अपनी सरकार का है।

धोंडिराव—तात, सुनिये। ब्राह्मणों ने जो टेढ़ी-मेढ़ी हलचल शुरू की थी उसको कुछ बुद्धिमान गृहस्थों ने अब अच्छी तरह पहचान लिया है और उस बलि राजा (अंग्रेज सरकार) के अधिकारियों को, मुखियों को इस चालबाजी से अवगत कराया गया। फिर भी सरकार उन पहरेदारों की आँखों में धूल झोंककर ऐसे कलम कसाइयों को प्रसन्न करने में लगी हुई है। इसीलिए आज के ब्राह्मणों में कई लोग ऐसे हैं जो शूद्रों के श्रमरूप लगान की वजह से बड़े-बड़े विद्वान हुए हैं। लेकिन वे इस उपकार के लिए शूद्रों के प्रति किसी भी प्रकार की कृतज्ञता प्रदर्शित नहीं करते। बल्कि उन्होंने कुछ दिनों तक मन चाहे मौजमस्ती की है। और अन्त में अपनी मांगल्यता का दिखावा करके यह भी सिद्ध करने की कोशिश की है कि हमारी वेदमंत्रादि

जादू विद्या सही है। इस तरह की झूठी बातों का उन्होंने शूद्रों के दिलो-दिमाग पर प्रभाव कायम किया। और शूद्रों ने हमारे पिछलग्गू बनना चाहिए इसलिए न जाने किस-किस तरह के फाँसे फेंके होंगे। उन्होंने शूद्रों को अपने पिछलग्गू बनाने की इच्छा से उन्हीं के मुँह से यह कहलवाया कि उन्होंने शादावल के लिंगपिण्ड के आगे या पीछे बैठकर किराये पर बुलाये गये ब्रह्मण-पुरोहितों के द्वारा जप, अनुष्ठान करवाने की वजह से इस साल, बहुत बारीश हुई, और महामारी का उपद्रव भी बहुत कम हुआ। इस जप, अनुष्ठान के लिए उन्होंने आपस में रुपया-पैसा भी इकट्ठा किया था। इस तरह उन्होंने जप, अनुष्ठान के आखरी दिन बैलबंडी पर भात का बलि राजा बनवाकर सभी प्रकार के अज्ञानी लोगों को बड़ी-बड़ी, लम्बी-चौड़ी झूठी खबरें दिलवाकर, बड़ी-बड़ी यात्राओं का आयोजन करवाया। फिर उसमें उन्होंने सबसे पहले अपने जाति के इल्मखोर ब्राह्मण-पुरोहितों को बेहिसाब भोजन खिलाये। और बाद में उसमें जो भोजन शेष था उसको सभी प्रकार के अज्ञानी शूद्रों की पंक्तियाँ बिठाकर किसी को केवल मुट्ठीभर भात, किसी को केवल दाल का पानी, और कइयों को केवल फाल्गुन की रोटियाँ ही परोसी गयीं। बाद में उन सभी को भोजन से तृप्त करने के बाद उनसे कई ब्राह्मण-पुरोहितों ने उन अज्ञानी शूद्रों के दिलो-दिमाग पर अपने वेदमन्त्र जादू का प्रभाव कायम हो इसलिए उपदेश देने का सन्नाटा शुरू किया, इसमें कोई सन्देह नहीं। लेकिन वे लोग ऐसे मौके पर अंग्रेज लोगों को प्रसाद लेने के लिए आमंत्रित क्यों नहीं करते?

ज्योतिराव—अरे, ऐसे पाखण्डी लोगों ने इस तरह चावल के चार दाने फेंक दिये और थू-थू करके इकट्ठा किये हुए ब्राह्मण-पुरोहितों ने यदि हर तरह का रुद्र नृत्य करके भी भों-भों भी किया, तब भी उनके द्वारा अपने अंग्रेज बहादुरों को प्रसाद देने की हिम्मत होगी?

धोंडिराव—तात, बस रहने दीजिए, "टट्टू को। टुमणी और तेजी को इशारा बस है।" इससे ज्यादा और कुछ कहने की आवश्यकता नहीं है। एक कहावत है कि, "दूध का जला छाछ भी फूँक-फूँक कर पीता है" उसी तरह इस बात को भी समझ लीजिए।

ज्योतिराव—ठीक है। समझ अपनी-अपनी, ख़याल अपना-अपना। लेकिन आजकल के पढ़े-लिखे ब्राह्मण अपनी जादूमन्त्र विद्या का और उससे सम्बन्धित जप अनुष्ठानों का जितना चाहिए उतना प्रचार क्यों न करे, उस मटमैले को कितनी भी कलई चढ़ाने का कितना भी प्रयास क्यों न करे और तमाम गलीकूचियों से भोंकते हुए क्यों न फिरते रहे, लेकिन अब उससे किसी का कुछ भी कम ज्यादा होने वाला नहीं है। लेकिन अपने मालिक की खानदान को सातारा के किले पर कैद करके रखने वाले नमकहरामी बाजीराव (पेशवे) जैसे हिजड़े ब्राह्मणों ने रात और दिन खेतों में काम करने वाले शूद्रों की मेहनत का पैसा लेकर मुँह देखी पहले दर्जे के जवां मर्द

ब्राह्मण सरदारों को सरंजाम बनाया। फिर उन जैसे लोगों को दिये हुए अधिकार पत्र (सनद) के कारणों को देखकर फर्स्ट सॉर्ट टरक्कांड साहब जैसे पवित्र नेक कमिश्नर को भी खुशी होगी, फिर वहाँ दूसरे लोगों के बारे में कहना ही क्या! उन्होंने पार्वती जैसे कई संस्थानों का निर्माण करके उन संस्थानों में अन्य सभी जातियों के अन्धे, दुर्बल लोगों की ओर तथा उनके बाल बच्चों की बिना परवाह किए, उन्होंने (ब्राह्मणों ने) अपने जाति के मोटे ताजे आलसी ब्राह्मणों को हर दिन हर तरह का मीठा-अच्छा भोजन खिलाने की परम्परा शुरू की। उसी प्रकार ब्राह्मणों के स्वार्थी-नकली ग्रन्थों का अध्ययन करने वाले ब्राह्मणों को हर साल यथा पर्याप्त दक्षिणा देने की परम्परा शुरू कर दी। लेकिन खेद इस बात का है कि ब्राह्मणों ने जो परम्पराएँ शुरू की हैं, केवल अपनी जाति के स्वार्थ के लिए, उन्हीं सभी परम्पराओं को अपने (अंग्रेज) सरकार ने जस के तस अभी तक शुरू रखा है।

इससे हमको यह कहने में कोई आपत्ति नहीं हो सकती है कि उन्होंने अपनी प्रौढता को और राजनीति को बड़ा धब्बा लगा लिया है। उक्त प्रकार के फिजूल खर्च से ब्राह्मणों के अलावा अन्य किसी भी जाति को कुछ भी फायदा नहीं है। बल्कि उनके बारे में यह कहा जा सकता है कि वे हराम का खाकर मस्ताये हुए कृतघ्न साँड़ हैं। और ये लोग हमारे अनपढ़ शूद्र दाताओं को अपने चुड़ैल धर्म के गन्दे पानी से अपने पाँव धोकर वही पानी पिलाते हैं। अरे, इन कर्मनिष्ठ ब्राह्मणों के पूर्वजों ने अपने ही धर्मशास्त्रों को और मनुस्मृति के कई वाक्यों को कालिख पोतकर ऐसे बुरे कर्म कैसे किये? लेकिन अब तो उन्हें होश में आना चाहिए। और इस काम के लिए अपनी भोली-भाली सरकार का कुछ न सुनते हुए पर्वती जैसे संस्थानों में इन स्वार्थी ब्राह्मणों में किसी ने भी शूद्रों के पसीने से पकने वाली रोटियाँ नहीं खानी चाहिए। इसलिए हमारी यही भावना है कि, उन्होंने एक जबरदस्त सार्वजनिक ब्राह्मण सभा की स्थापना करके उनकी सहायता से इन पर नियन्त्रण रखना चाहिए; जिससे उनके ग्रन्थों का कुछ न कुछ दबाव पुनर्निवाह उत्तेजक मण्डली पर पड़ेगा। किन्तु उन्होंने इस तरह की बड़े-बड़े उपनामों की सभाएँ स्थापित करके उसके माध्यम से अपनी आँखों का मोतियाबिन्द ठीक करना तो छोड़ दिया और अज्ञानी लोगों को सरकार की आँखों के दोष दिखाने की कोशिश में लगे रहे। यह हुई न बात कि, 'उलटा चोर कोतवाल को डाँटे'। इसको अब क्या कह सकते हैं? अब हमारे अज्ञानी शूद्रों की उस बलि राजा के साथ गहरी दोस्ती होनी चाहिए इसलिए प्रयास करना चाहिए। और उस बलि राजा के सहारे से ही इनके गुलामी की जंजीरें टूटनी चाहिए। ब्राह्मणों की गुलामी से शूद्रों की मुक्ति करने के लिए अमेरिकी स्कॉच और अंग्रेज भाइयों के साथ जो दोस्ती होने जा रही है, उसमें उन्होंने कुछ दखलन्दाजी करने की कोशिश नहीं करनी चाहिए। अब उनकी दौड़धूप बहुत हो गयी है। अब हम उनकी गुलामी का निषेध करते हैं।

सन्दर्भ

1. उमाजी रामोशी—महाराष्ट्र में उमाजी नाईक नाम का एक आदमी हो गया। वह बड़ा लड़वैया था। उसने अंग्रेजों से भी मुकाबला किया था। लेकिन उमाजी नाईक रामोशी जैसी शूद्र जाति में पैदा हुआ था। इसलिए उसको कोई शहीद नहीं मानता। लेकिन जो ब्राह्मण सही में डाकू थे और अंग्रेजों से लड़े इसलिए उन्हें शहीद माना गया।
2. देशस्थ—महाराष्ट्र के ब्राह्मणों में देशस्थ ब्राह्मण नाम की एक उपजाति है।
3. पार्वती—पूना का पार्वती देवस्थान, एक संस्थान। इसकी पूजा द्वारा प्राप्त आय केवल ब्राह्मणों पर खर्च होती थी। यहाँ हमेशा ब्राह्मणों को दान दिया जाता था। यहाँ हमेशा ब्राह्मण-भोज चलता था।

परिच्छेद : बारह

इनामदार ब्राह्मण कुलकर्णी, यूरोपियन लोगों के उपनिवेशों की आवश्यकता, शिक्षा विभाग के मुँह पर काला धब्बा, यूरोपियन कर्मचारियों का दिमाग कुण्ठाग्रस्त क्यों होता है, आदि के सम्बन्ध में।

धोंडिराव—तात, लेकिन आपने पहले कहा कि, ऐसा कोई विभाग नहीं है जिसमें ब्राह्मण न हो, फिर चाहे वह सरकारी विभाग हो या गैरसरकारी और इन सबमें मुखिया ब्राह्मण कौन है?

ज्योतिराव—ये सरकारी पटवारी (वतनदार) ब्राह्मण कुलकर्णी है। और इनकी जालसाजी के बारे में अधिकांश दयालु यूरोपियन कलेक्टरों को पूरी जानकारी है। इसलिए उनको अज्ञानी शूद्रों की दया आयी और उन्होंने सरकार को रिपोर्ट के बाद रिपोर्ट भेज कर के सभी कानूनों के द्वारा कुलकर्णियों को कदम-कदम पर बन्धनों में बाँधने की कोशिश की। उनको कानूनों के माध्यम से नियन्त्रित रखकर उनके अनियन्त्रित व्यवहार को नियन्त्रित किया गया। फिर भी इन कलम कसाइयों का उनके मतलबी धर्म से शूद्रों का सम्बन्ध होने की वजह से उनका शूद्रों पर प्रभाव था। इसलिए ये शैतान की तरह अपने स्वार्थी, झूठे धर्म की छत्रछाया में खुले रूप में चौपाल पर बैठकर उस बलि राजा के विचारों की आलोचना करके बेचारे अनपढ़ शूद्रों के मन को वे लोग क्या दूषित नहीं करते होंगे? अगर ऐसा न कहें, तो शूद्रों को बिल्कुल ही न लिखना आता है और न पढ़ना, फिर वे किस वजह से या किस कारण उनके मतों से इतनी नफरत करने लगे हैं? इसके बारे में यदि तुझे कुछ अन्य कारण मालूम हों तो मुझे जरा समझा दे। इतना ही नहीं तो वे लोग मौका देखकर उसी चौपाल पर (चावड़ी) बैठकर सरकारी कानून के किसी गैरवाजबी कलम को लेकर उस पर कई तरह के पैने कुतर्क नहीं देते होंगे? और शूद्रों ने सरकार से नफरत करना चाहिए, इसलिए उनको क्या चोरी-चोरी पाठ नहीं पढ़ाते होंगे? और क्या उनको एक शब्द भी अपने सजग सरकार के कान पर डाल देने के लिए शूद्र लोग कँप-कँपाते[1] नहीं होंगे? चूँकि कुल सभी ऊपरी दफ्तरों के ब्राह्मण कर्मचारी एक ही जात वाले हैं। इसलिए अब तो भी अपनी सरकार ने होश सँभालना चाहिए।

सबसे पहले हर एक गाँव ने करीबन एक-एक अंग्रेज या स्कॉच गृहस्थ को उनके निर्वाह योग्य परम्परागत खेतों को इनाम में देकर, उन पर उपदेशकों का काम सौंप देने चाहिए। उन्होंने केवल उस-उस गाँव की सही हकीकत के बारे में करीब-करीब साल में एक रिपोर्ट सरकार को भेज देनी चाहिए। और यदि इसके अनुकूल कानून बनवाकर बन्दोबस्त किया गया, तब आगे किसी समय नाना पेशवा जैसे ब्राह्मण को पुनः जब कभी किसी भी प्रकार का उठाव करने की बात ध्यान में आयी और उसने किसी पीर से मिन्नत माँगी या उसने किसी शिवलिंग की यात्रा करके उसमें उसके द्वारा रसीला भोजन खिलाने की बजाय चमत्कारिक ढंग से तैयार की गयीं रोटियाँ निश्चित समय पर गाँव-गाँव में एक साथ पहुँचाकर वह प्रसाद अनपढ़ शूद्रों को खिलाकर सरकार के विरुद्ध विद्रोह करने के लिए, इन पटवारी (वतनदार) कुलकर्णियों[2] की एकता बिल्कुल किसी काम नहीं आयेगी। और इस तरह किये बगैर सभी अनपढ़ शूद्रों का अस्तित्व ही नहीं रहेगा, उनके पाँव इस धरती पर नहीं टिके रहेंगे। इतना ही नहीं, जब वे यूरोपियन उपदेशक सभी शूद्रों को सही ज्ञान देंगे और इनकी आँखें खोल देंगे, तब ये लोग इस ग्रामराक्षसों के नजदीक भी खड़े नहीं रहेंगे।

दूसरी बात यह है कि सरकार ने अपने ग्राम कर्मचारी (नौकर), पटेल (चौधरी) से लेकर कुलकर्णियों के काम की परीक्षा लेनी चाहिए और इस तरह के महत्त्वपूर्ण कामों को एक ही जाति के या विशिष्ट जाति के लोगों के हाथ नहीं सौंपना चाहिए। इसका परिणाम यह होगा कि फौज की तरह इस काम में कुछ विशेष अधिकार की बात पैदा नहीं होगी। बल्कि उसका पूरी तरह से बन्दोबस्त हो जायेगा। और सभी लोगों में पढ़ने-लिखने की इच्छा अपने आप पैदा होगी। यदि आवश्यकता हो तो हमारी दयालु सरकार को शिक्षा विभाग का फिजूल खर्च एकदम बन्द कर देना चाहिए। और यह सारा पैसा कलेक्टर के खाते में जमा कर देना चाहिए।

फिर हर एक यूरोपियन कलेक्टर की ओर से जॉरविस साहब की तरह किसी भी तरह का पक्षपात न करते हुए सभी जाति के होशियार छात्रों में से कुछ छात्रों का चुनाव करके उनको केवल रूखासूखा खाना और छोटे-मोटे कपड़ों की व्यवस्था करके उनके लिए हर कलेक्टर साहब के बंगले के करीब पाठशाला चलानी चाहिए। और उन छात्रों को पटेल की, कुलकर्णी तथा पंतोजी (पटवारी, पुलिस, पटेल, ग्राम सेवक आदि) के काम की ट्रेनिंग देकर, फिर परीक्षा लेकर उनकी तरफ उस तरह के काम सौंप देने चाहिए। इसका परिणाम यह होगा कि सभी (ब्राह्मण) कुलकर्णियों की एकता के लिए ये लोग बदनाम नाना पेशवा जैसे ब्राह्मणों के काम में नहीं आयेंगे। बल्कि जो लोग अज्ञानी शूद्रों को फँसाकर के उनके खेत (वतन) हड़पते होंगे और उन लोगों से हर तरह के झगड़े-फसाद करवाते होंगे उनको वैसा करने के लिए वक्त ही नहीं मिलेगा। आज तक लाखों रुपया शिक्षा विभाग के माध्यम से खर्च हुआ है। फिर भी उससे शूद्र समाज की संख्या की तुलना में उनमें विद्वानों की संख्या नहीं

बढ़ सकी। इतना ही नहीं तो महार, मातंग और चमार आदि जातियों में से एक भी पढ़ा-लिखा कर्मचारी नहीं दिखायी दे रहा है। फिर यहाँ एम.ए. या बी.ए. पढ़े-लिखे लोग दवा के लिए भी नहीं मिलेंगे। अरेरे! अपने इस सरकार के इतने विशाल शिक्षा विभाग के गोरे चेहरे पर इन काले मुहँ वाले ब्राह्मण-पण्डितों ने यह कितना बड़ा काला दाग लगाया है? अरे, यह कड़वे करेलों को हमारी सरकार ने इतने घी में तलकर शक्कर में घोलकर पकाये फिर भी उन्होंने अपना जाति स्वभाव छोड़ा नहीं और अन्त में वे कड़वे करेले की तरह कड़वे ही रहे।

धोंडिराव—तात, आपका कहना सही है। लेकिन ये कुलकर्णी लोग अनपढ़ शूद्रों की भूमि (वतन) को किस प्रकार का फाँसा डालकर हड़पते होंगे?

ज्योतिराव—जिन शूद्रों को पढ़ना-लिखना बिल्कुल ही नहीं आता ऐसे अनपढ़ शूद्रों को ये कुलकर्णी खोजते रहते हैं। और फिर स्वयं उनके साहूकार होकर वे उनसे जब गिरवी खाता लिखवा लेते हैं, उस समय वे अपने जाति के अर्जीनवीस से मेल-मिलाप करके उनमें एक तरह की शर्तें लिखवा लेते हैं जो उन शूद्र किसानों के खिलाफ हो और इन कुलकर्णी साहूकार के फायदे की भी हो। फिर जो शर्तें लिखी जाती हैं उनको न पढ़ते हुए भलती-सलती ही बातें पढ़कर सुनायी जाती हैं। फिर उस कागज पर उनके हाथ के अँगूठे के निशान लगाकर अपना बही-खाता पूरा कर लेते हैं। फिर कुछ दिनों के बाद जालसाजी से उन शूद्रों की जमीन-जायदाद लिखी गयी शर्तों के अनुसार हड़पते होंगे या नहीं?

धोंडिराव—तात, आपका कहना बिल्कुल सही है। ये लोग जाति से ही कलम कसाई है। लेकिन ये लोग अनपढ़ शूद्रों में किस प्रकार के झगड़े पैदा करते होंगे?

ज्योतिराव—खेत, खेती-बाड़ी, जमीन-जायदाद आदि के सम्बन्ध में, सन-त्यौहार, पोला आदि में और होली के दिन होली के बाँस को पहले पूरी आदि कौन बाँधेगा आदि के सम्बन्ध में शूद्रों में आपस में जो झगड़े, दंगे-फसाद होते हैं इनमें ब्राह्मण कुलकर्णियों का हाथ नहीं होता है, वे लोग इन झगड़े, दंगे-फसादों को करवाने में जिम्मेदार नहीं होते, इस तरह के कुछ उदाहरण आप वास्तव में दिखा पाओगे?

धोंडिराव—तात, आपकी बातों को मैं इन्कार नहीं कर सकता। शूद्रों शूद्रों में आपस में इस तरह के दंगे झगड़े-फसाद करवाने में इन ब्राह्मण-कुलकर्णी आदि कलम-कसाइयों को क्या मिलता होगा?

ज्योतिराव—अरे, जब कई घरंदाज अनपढ़ शूद्रों के घराने मन ही मन में द्वेष की अग्नि में जलकर आपस में एक-दूसरे से लड़ते होंगे, तब अन्दर ही अन्दर इनसे कलम-कसाइयों सहित अन्य ब्राह्मण कर्मचारियों के घर इस आग में तपते-तपते जलकर क्या नष्ट नहीं हुए होंगे? अरे, इन कलम-कसाइयों के नारदशाही की वजह से स्थानीय (मुलकी) फौजदारी और दिवानी विभाग (खाता) का खर्च बेहद बढ़ गया है। और वहाँ के अधिकांश कर्मचारी मामलेदार से लेकर ग्रामसेवक तक सभी

अपने ऐन ''तत्सवितुर्वरेण्यंभर्गो देवस्य धीमहि धियो या नः प्रचोदयात'' इस असली मूल-मन्त्र से बेईमानी करते हैं। उसके सम्बन्ध में उन्होंने ''चिरी मिरी देव, चिरी मिरी देव'' इस यवनी (विदेशी) गायत्री का उपदेश उन मांगलिक पुरोहितों ने अपनाने की वजह से ब्राह्मण वकीलों की दलाली काफी बढ़ गयी। फिर यह बात बताओ कि वे बड़ी-बड़ी कोर्ट-कचहरियों में बैठकर जोर-जोर से हँसी के फव्वारे छोड़ते हुए घूमते हैं या नहीं? इसके अलावा मुनसफ नवाब के सरंजाम कितने बड़े हैं, इसका हिसाब दो। इतना बन्दोबस्त होने के बावजूद भी गरीब लोगों को न्याय सत्ता और आसानी से मिलता भी है या नहीं? इसी वजह से गाँव-खेड़ों के सभी लोगों को मिलाकर एक कहावत प्रसिद्ध हुई है। वह कहावत यह है कि, सभी सरकारी विभागों से अपना काम करवाना हो तो उन विभागों में अपना काम करने वाले ब्राह्मण कर्मचारियों के हाथ पर अमुक-तमुक किये बगैर वे हम जैसे गरीबों के काम को हाथ ही नहीं लगाते। ''उनकी झोली में डालने के लिए घर से कुछ न कुछ साथ में ले लो, तब कहीं काम के लिए बाहर निकलो।''

धोंडिराव—तात, यदि ऐसा ही होता है तो, गाँव-खेड़ों के तमाम शूद्र लोगों को यूरोपियन कलेक्टरों से अकेले में मिलकर उनको अपनी शिकायतें क्यों नहीं बताना चाहिए?

ज्योतिराव—अरे, जिनको बेर की गाँठ किधर होती है यह मालूम नहीं ऐसे डरपोक खिलौनों को ऐसे भयंकर कर्मचारियों के सामने खड़े होने की हिम्मत कैसे होगी? और ये लोग अपनी शिकायतें सही ढंग से उनके सामने कैसे क्या बता पायेंगे? ऐसी हालत में किसी लँगोट बहादुर ने बड़ी हिम्मत से किसी बुटलेर की मदद से यूरोपियन कलेक्टर को अकेले में मिलकर और उनके सामने खड़े होकर यह कहा कि ''(ब्राह्मण) कर्मचारियों के सामने हमारी कोई सुनवाई नहीं होती,'' तब इतने चार शब्द कहने की इन कलमकसाइयों को भनक भी लग गयी, कि मान लो हो गया। इनका काम तमाम। फिर उस अभागे आदमी के नसीब ही फूट गये, समझ लेना चाहिए। क्योंकि वे लोग कलेक्टर कचहरी के अपनी जाति के ब्राह्मण कर्मचारी (बाबू) से लेकर रेवेन्यू के या जज के ब्राह्मण कर्मचारी तक सभी के सभी अन्दर ही अन्दर उस यवनी गायत्री की वरदी घुमा देते हैं। फिर आधे कलम-कसाई तुरन्त हर तरह के दस्तावेजों के साथ पुरावे लेकर वादी के (साक्षीदार) गवाहदार बन जाते हैं। और आधे कलम-कसाई वादी के विरुद्ध प्रतिवादी के हर तरह के दस्तावेजों के साथ पुरावे लेकर प्रतिवादी के गवाहदार बन जाते हैं। ये लोग उनके झगड़े में इतनी उलझन पैदा कर देते हैं कि, उसमें सत्य क्या है यह पहचान पाना ही मुश्किल होता है। इस सत्य-असत्य को खोज निकालने के लिए बड़े-बड़े विद्वान यूरोपियन कलेक्टर और जज लोग अपनी सारी अकल खर्च कर देते हैं, फिर भी उनको छिपे हुए रहस्य का कुछ भी पता नहीं चलता, और न कुछ भी हाथ में लगता है। बल्कि वे उन

शिकायत करने वाले लँगोट धारियों को ही यह कहने में लज्जा का अनुभव नहीं करते कि, 'तू ही बड़ा शरारती है।' और अन्त में उनके हाथ में नारियल की खाली टोकरी देकर उनको फजीहत होने के लिए घर पर भेज देते होंगे या नहीं? अन्त में ब्राह्मण कर्मचारियों की इसी प्रकार की प्रवृत्ति की वजह से कई गरीब किसान शूद्रों के मन में यह बात आती होगी कि यहाँ हमारी किसी शिकायत पर कोई सुनवाई नहीं है। इसलिए बड़ी मजबूरी में आकर उन्होंने अपनी ही खुदकुशी की होगी या नहीं? इनमें से कई लोगों ने डाकू और लुटेरों का जीवन अपनाया होगा और अपने ही जान को तबाह किया होगा या नहीं? इनमें से कइयों के दिलो दिमाग में असन्तोष की भावना भड़क उठी होगी और फिर वे पागलपन के शिकार बन गये होंगे या नहीं? और इनमें से कइयों ने अपनी दाढ़ी-मूँछें बढ़ाई होगी और अधपगले होकर रास्ते में जो भी कोई मिल जाय उसको अपनी शिकायत सुनाते-कहते फिरते होंगे या नहीं?

सन्दर्भ

1. Chapter IV, The Sepoy Revolt, by Henry mead.
2. कुलकर्णी–कुलकर्णी, कर्णिक, पटवारी, तलाटी आदि शब्द समानार्थक हैं। गाँव के चौधरी या प्रधान का कारकुन। गाँव की जमीन और उनके लगान का हिसाब रखने वाला एक छोटा सरकारी कर्मचारी। कुल का मतलब जमीन (खेत) का हिस्सा और करण का मतलब है मेहनताना। उस समय ऊँची जाति के ही लोग कुलकर्णी, पटवारी, आदि होते थे। आज ब्राह्मणों तथा कायस्थों में कुलकर्णी, कर्णिक सरनेम (कुलनाम) है।

परिच्छेद : तेरह

तहसीलदार, कलेक्टर, रेवेन्यू, जज और इंजिनियरिंग विभाग के ब्राह्मण कर्मचारी आदि के सम्बन्ध में।

धोंडिराव—तात, इसका मतलब यह हुआ कि ब्राह्मण लोग मामलेदार आदि होने की वजह से वे लोग अनपढ़, अज्ञानी शूद्रों को नुकसान पहुँचाते हैं?

ज्योतिराव—आजतक जो भी ब्राह्मण मामलेदार हुए हैं उनमें से कई मामलेदार अपनी बुरी करतूतों की वजह से सरकार की नजर में अपराधी सिद्ध हुए हैं और सजा पाने के काबिल हुए हैं। वे ब्राह्मण मामलेदार अपना काम करते समय इतनी दुष्टता से बर्ताव करते थे और गरीब लोगों पर इतना अमानवीय जुल्म करते थे कि, उन दास्तानों का एक ग्रन्थ लिखा जा सकता है। अरे, इस पूना जैसे शहर में ब्राह्मण मामलेदार कुलकर्णी से लिखवाकर लायी हुई लायकी दिखाये बगैर बड़े-बड़े साहूकारों की भी जमानत स्वीकार नहीं करते। फिर वहाँ गरीबों के प्रति हमदर्दी, अपनापन कौन दिखायेगा? अरे, ये कुलकर्णी लोग लायकी का प्रमाणपत्र देते समय अपना चक्कर चलाते होंगे या नहीं? उसी प्रकार इस शहर की म्युनिसिपालिटी किसी मकान मालिक को उसके पुराने मकान की जगह पर नया घर बाँधने की तब तक अनुमति नहीं देती जब तक ब्राह्मण मामलेदार द्वारा उस नगर के कुलकर्णियों का अभिप्राय देख नहीं लेते। अरे, उस कुलकर्णी के पास उस नगर का नक्शा होने के बावजूद भी, जिसमें कुल सभी नये खरीदी करने वालों के नाम मिलाकर के हर साल उसकी एक नकल मामलेदार के दफ्तर में लिखवाने के लिए रखने का कोई रिवाज ही नहीं है और न कोई कारण भी। फिर उस जगह के सम्बन्ध में कुलकर्णी का अभिप्राय आवश्यक और सच है यह कैसे मानना चाहिए? इन तमाम बातों से इस तरह की शंका पैदा होती है कि, ब्राह्मण मामलेदारों ने अपनी जाति के कलम-कसाइयों का कुछ हित होना चाहिए, इसलिए उन्होंने इस व्यवस्था को बरकरार रखा होगा। इससे तुम ही सोच कर देखो कि, जहाँ यूरोपियन लोगों की बस्तियों के करीब पूना जैसे शहर में ब्राह्मण मामलेदार यदि इस प्रकार की बेपरवाही से अपने जाति के कलम-कसाइयों की रोटी पकाते हैं, तब गाँव खेड़ों में उनका कितना जबरदस्त जुल्म रहता होगा? यदि

इस बात को हम लोग सच न मानें तो हम अधिकांश देहातों के अज्ञानी, अनपढ़ शूद्रों के समूह अपने बगल में अपने कपड़े-लत्ते दबाकर ब्राह्मण कर्मचारियों के नाम से चिल्लाते हुए घूमते दिखायी देते हैं, क्या यह सब झूठ है? इन्हीं लोगों में से कुछ लोग कहते हैं कि ब्राह्मण कुलकर्णी की वजह से ही ब्राह्मण मामलेदार ने मेरा निवेदन समय पर स्वीकार नहीं किया। इसीलिए प्रतिवादी ने मेरे पक्ष के सभी गवाह बदल दिये। और मेरी ही जमानत करवायी गयी। कुछ लोग कहते हैं कि ब्राह्मण मामलेदार ने मेरी अर्जी ले ली और कुछ समय के लिए उसने मेरी अर्जी को अन्दर-ही-अन्दर दबाकर के रख दिया। और मेरे प्रतिवादी का अर्ज दूसरे दिन लेकर उसकी ओर से मेरे चल रहे काम से मुझे उजाड़ दिया। और इस तरह उसने मुझे भिखारी बना दिया। कोई कहता है कि ब्राह्मण मामलेदार ने मैं जैसा बोल रहा था उस प्रकार से जबानी लिखी ही नहीं और बाद में उसी जबानी से मेरे सारे झगड़े का इस तरह खानाखराब कर दिया कि, अब मैं पागल होने की स्थिति में पहुँच गया हूँ। कोई कहता है कि, मेरे प्रतिवादी ने ब्राह्मण मामलेदार की सलाह पर मेरे अच्छी तरह चल रहे काम को बन्द करवा दिया और उसने मेरे खेत में अपना हल जोतने का काम शुरू करते ही मैं उस ब्राह्मण मामेलदार के पास जा पहुँचा और मैंने उसको बड़ी नम्रता से भूमि को स्पर्श करके प्रणाम किया। और उससे एक शब्द भी न बोलते हुए मैंने केवल उसके हाथ में अपनी अर्जी दे दी। और में तुरन्त चार-पाँच कदम पीछे हट गया। मैं उसके सामने अपने दोनों हाथ जोड़कर बड़े ही दीन दुःखी भाव में काँपते हुए खड़ा रहा। फिर कुछ ही देर में उस दुष्ट ने मेरी ओर ऊपर नीचे देखकर झट से उस अर्ज को मेरी ओर फेंक दिया। और यह कारण दिखाकर कि मैंने कोर्ट का अपमान किया है, उसने मुझे ही दण्डित किया। लेकिन उस दण्ड राशि को देने की मेरी क्षमता नहीं होने की वजह से मुझे कुछ दिन के लिए जेल में बन्द रहना पड़ा। इधर प्रतिवादी ने बोने के लिए तैयार किये हुए मेरे खेत में अपना अनाज बो दिया और उस खेत को अपने अधिकार में ले लिया, जिसकी वजह से मैंने बाद में कलेक्टर साहब को दो-तीन अर्जी किये और उनको हर बात से सूचित किया, लेकिन मेरी सभी अर्जियाँ वहाँ के ब्राह्मण क्लर्क ने कहाँ दबाकर रख दीं, कुछ पता ही नहीं चल रहा है। अब इसका क्या किया जा सकता है?

कोई कहता है कि, ब्राह्मण क्लर्क ने मेरा अर्ज कलेक्टर को पढ़कर दिखाते समय वहाँ की मुख्य बातों को हटाकर के उसकी ओर से ब्राह्मण मामलेदार ने दिया हुआ निकाल जस का तस रखवा दिया। कोई कहता है कि मेरी अर्जी के आधार पर कलेक्टर ने मौखिक रूप में जो बातें लिखने के लिए उस ब्राह्मण क्लर्क को कहा था उसने कलेक्टर के बताये आदेश के विरुद्ध आर्डर लिखा। लेकिन उस आर्डर को कलेक्टर के सामने पढ़ते समय उसने कलेक्टर के बताये अनुसार ही बराबर पढ़कर सुना दिया। और फिर उस निकालपत्र पर उसके हस्ताक्षर लेकर, वह निकालपत्र

जब मुझे मामलेदार के द्वारा प्राप्त हुआ, तब उस पत्र को देखकर मैं अपने माथे पर हाथ देकर ही रह गया। और मैंने मन ही मन में कहा कि, ये ब्राह्मण कर्मचारी, तुम लोग अपना लक्ष्य पूरा किये बगैर चुप नहीं रह सकते। कोई कहता है कि तब मेरी कलेक्टर साहब के पास कुछ भी सुनवाई नहीं हुई, तब मैंने रेवेन्यू साहब की ओर दो-तीन अर्जी भेज दिया। लेकिन मेरी वह सभी अर्जियाँ वहाँ के ब्राह्मण क्लर्क लोगों ने कोशिश करके फिर उस साहब की ओर से पुनः कलेक्टर के ही अभिप्राय के लिए लौटा दिये। बाद में कलेक्टर के ब्राह्मण कर्मचारियों ने मेरे सभी कागजात घुमाफिरा कर कलेक्टर साहब को पढ़कर सुना दिये। और यह कह कर कि मैं बड़ा शिकायतखोर आदमी हूँ, उन्होंने मेरी अर्जी के पिछले पन्ने पर उस कलेक्टर से अभिप्राय लिखवाकर रेवेन्यू साहब को गलत जानकारी दी। अब तुम ही बताओ यहाँ करने वाले ने क्या करना चाहिए?

कोई कहता है कि, जज साहब ने मेरी सुनवाई शुरू होते ही, और उसके अटर्नी द्वारा बीच में ही मुँह मारने की वजह से जज साहब कहने लगा, 'चुप रहो, बीच में मत बोलो'। बाद में उसने स्वयं ही मेरे सभी कागजात पढ़ लिए। लेकिन उन कागजातों को वह बेचारा क्या करेगा? क्योंकि पहले ही कलेक्टर कचहरी के सभी ब्राह्मण कर्मचारियों ने कुलकर्णियों की सूचना के अनुसार मेरे पूरे केस का स्वरूप ही बदल दिया था। कोई कहता है कि आज तक सभी ब्राह्मण कर्मचारियों के देव पूजा के कमरे मन्त्रोच्चारों के अनुसार उनके घर भरते-भरते हमारे घर उजड़ गये, बर्बाद हो गये। हमारे खेत नीलाम हो गये। हमारी जमीन-जायदाद गयी। हमारा अनाज गया, हमारा अनाज से भरा बारदाना लुट गया। हमारे घर की हर चीज लुट गयी। और हमारे बीवी-बच्चों के बदन पर सोने का फूटा हुआ एक मनि भी नहीं रहा। अन्त में हम सब लोग भूख और प्यास से मरने लगे। तब मेरे छोटे भाइयों ने मट्टी गोटे का काम खोजा। और वे सभी सड़क के काम पर टोकरियाँ ढोने के लिए जाने लगे। वहाँ भी सभी ब्राह्मण कर्मचारी किसी काम को हाथ नहीं लगाते थे। केवल हर दिन सुबह और शाम को एक बार काम पर जाकर हाजरी लेते थे। बाद में किसी घटिया मराठी अखबार में अंग्रेज सरकार या उनके धर्म की यदि आलोचना, नुक्ताचीनी की गयी हो, उसका मतलब जाते-जाते इन अज्ञानी, अनपढ़ शूद्र मजुदूरों को समझाया करते हैं। और बाद में अपने घर लौट जाते हैं। और सरकार भी ऐसे घटिया लोगों को मेहनत करने वाले मजदूरों से भी ज्यादा, डबल तनख्वाह देती है। फिर भी किसी मजदूर ने तनख्वाह (मजदूरी) लेने के बाद उस ब्राह्मण कर्मचारी के हाथ पर कुछ रुपया-पैसा रख दिया तब तो कोई बात नहीं। लेकिन यदि उसने उसके हाथ पर कुछ भी रुपया-पैसा न छोड़ा तब तो उसकी खैर नहीं। वह ब्राह्मण कर्मचारी दूसरे दिन से ही अपने से बड़े साहब को उस मजदूर के बारे में गलत-सलत बातें बताकर के उस मजदूर के नागे लगाये जाते हैं। इतना ही नहीं, कोई ब्राह्मण कर्मचारी उस

मजदूर से कहता है कि तू सरकारी काम करने के बाद पत्रालियों के लिए बड़े और पलस के पान या पान की डालियाँ शाम को घर लौटते समय लाकर मेरे घर पर डाल देना। कोई ब्राह्मण कर्मचारी कहता है कि उस आम की डालियाँ तोड़कर शाम को मेरे घर पर डाल देना। कोई ब्राह्मण कर्मचारी कहता है कि मुझे कुछ पत्ते लाकर देना। कोई कहता है कि आज रात को मैं गाँव में उस लेन-देन करने वाली विधवा के घर में नाश्ता-पानी करने के लिए जाने वाला हूँ। इसलिए तू अपना खाना-पीना होने के बाद मेरे निवास पर आकर मेरे परिवार के साथ सारी रात रहकर, वहीं सो जाना। लेकिन दूसरे दिन काम पर जाने के लिए भूलना नहीं। क्योंकि कल शाम को ही बड़े इंजिनियर साहब यहाँ अपना काम देखने के लिए आने वाले हैं, इस प्रकार का इतल्ला रावसाहब ने लिखकर भेजा है। इस तरह से ब्राह्मणों द्वारा अन्दर ही अन्दर जो परेशानियाँ भोगनी पड़ती हैं[1] उसके बारे में मुझे मेरे भाई उनके घर पर जाने पर बताते रहते हैं और आँखों से आँसू बहाते रहते हैं।

वे कहते हैं कि, तात, हम क्या करें? ये सभी ब्राह्मण अठारह जाति के गुरु है। ये लोग अपने आप को सभी वर्णों के गुरु समझते हैं। इसलिए उन्होंने किसी भी तरह का बर्ताव किया फिर भी शूद्रों ने उनको एक शब्द से भी कुछ नहीं कहना चाहिए। शूद्रों को उनकी नुक्ताचीनी नहीं करनी चाहिए, यह अधिकार उनको नहीं है, यही अपने धर्मशास्त्रों का कहना है। धर्मशास्त्र कुछ भी कहे, लेकिन हमारे पास इस मर्ज का कोई इलाज नहीं है। वरना मैं कब से अंग्रेजी बोलना सीख गया होता! और अंग्रेजी सीखकर मैंने सभी ब्राह्मणों के सभी कारनामे, करतूतें, लफ्फाजी, ठगी आदि सभी बातें अंग्रेज साहब लोगों को बता दिया होता और उनके द्वारा ही उन लोगों को मजा चखाया होता। इसके अलावा इंजिनियर विभाग के सभी ब्राह्मण कर्मचारियों की लुच्चागिरी के बारे में ठेकेदार लोग इतना कुछ बताते हैं कि उस पर एक स्वतन्त्र किताब लिखी जा सकती है। इसलिए इस बात को मैं यहीं समाप्त कर देता हूँ। तात्पर्य ऊपर लिखी गयी तमाम दलीलों में जो भी आपको सच लगे उसके बारे में गम्भीर रूप से सोचना चाहिए। और उसका पूरी तरह से बन्दोबस्त भी करना चाहिए। तथा उन तमाम कुरीतियों को जड़मूल से सामाजिक जीवन से समाप्त कर देना चाहिए यही हमारी सरकार का धर्म है।

सन्दर्भ

1. इसके बारे में इस किताब में अन्त में इंजिनियर विभाग पर जो पवाडा लिखा गया है, उसको पढ़िये।

परिच्छेद : चौदह

यूरोपियन कर्मचारियों का निष्क्रिय बनना, सामन्तों (ब्राह्मण खोत) का वर्चस्व, पेंशन लेकर सरकारी नौकरी से मुक्त हुए यूरोपियन कर्मचारियों ने सरकार के दरबार में गाँव-गाँव की हकीकत बताने की आवश्यकता धर्म और जाति के अहंकार आदि के सम्बन्ध में।

धोंडिराव—तात, यदि इस प्रकार के अनर्थ सभी सरकारी विभागों में ब्राह्मण कर्मचारियों का वर्चस्व होने की वजह से हो रहा हो, तो यूरोपियन कलेक्टर वहाँ बैठकर क्या कर रहे हैं? वे तमाम ब्राह्मणों की लुच्चागिरी के सम्बन्ध में सरकार को रिपोर्ट क्यों नहीं कर रहे?

ज्योतिराव—अरे, इन ब्राह्मण कर्मचारियों के इस रवैये के कारण उनके टेबिल पर इतना काम पड़ा हुआ रहता है कि वे लोग उसमें से कुछ जरूरी काम कर लेते हैं और केवल मराठी कागजातों पर दस्तखत करते-करते उनके नाक में दम आ जाता है। इसलिए उन बेचारों को इन तमाम अनर्थों की खोजबीन करके उस सम्बन्ध में सरकार को रिपोर्ट करने के लिए समय भी कहाँ है? इतना सब होने पर भी, मैं यह सुन रहा हूँ कि, कोंकण के अधिकांश दयालु यूरोपियन कलेक्टरों ने अज्ञानी शूद्रों पर ब्राह्मण जमींदारों (खोत)[1] की ओर से जो जुल्म हो रहा है उसको समाप्त कर देना चाहिए, इसलिए उन्होंने अज्ञानी शूद्रों के पक्ष में स्वयं ब्राह्मण जमींदारों के (खोत) प्रतिवादी होकर वे सरकार में उस सम्बन्ध में प्रयास कर रहे हैं। लेकिन इसी समय सभी ब्राह्मण-जमींदारों ने (खोतों ने) अमरीकी स्लेव्ह (गुलाम) होल्डर का अनुकरण करते हुए अपने मतलबी धर्म की सहायता से अज्ञानी, अनपढ़ शूद्रों को सरकार के विरोध में गलत-सलत बातें प्रचारित कीं। इसकी वजह से अधिकांश अज्ञानी शूद्रों ने यूरोपियन कलेक्टरों के विरोध में संघर्ष करने की तैयारी की। उन्होंने सरकार को कहा कि हम लोगों पर ब्राह्मण-जमींदारों का (खोतों का) जो अधिकार है, उसको वैसा ही रहने दो। यहाँ के ब्राह्मण-जमींदारों ने (खोतों ने) अज्ञानी, अनपढ़ शूद्रों को शैतानों की तरह अपने मुट्ठी में रखा और अपनी इस भोलीभाली सरकार को अज्ञानी, अनपढ़ शूद्रों के विरोध में मानसिक रूप से खड़ा कर दिया। ब्राह्मण खोतों

की इस तरह की चालबाजी की वजह से उस परहितकारी यूरोपियन कलेक्टर पर किस तरह की स्थिति गुजर रही है, वह देखिये।

धोंड़ीराव—इस तरह यदि अज्ञानी शूद्र लोग ब्राह्मणों के बहकावे में आकर अपना चारों ओर से नुकसान कर लेते हैं, यह अच्छी बात नहीं है। इसी तरह से आगे किसी समय उन्होंने ब्राह्मणों के बहकाबे में आकर सरकार के विरोध में अपना हाथ खड़ा किया तब उनकी बड़ी हानि होगी? क्योंकि शूद्रों को ब्राह्मण-पण्डितों-पुरोहितों की दासता से मुक्त होने का इस तरह का अच्छा मौका पुनः प्राप्त होना बहुत ही मुश्किल है। इसलिए शूद्रों के हाथ से इस तरह का अनर्थ न हो, इसलिए आपको कुछ उपाय सूझ रहे हों तो एक बार जाकर अपनी दयालु सरकार को समझाकर देखिए। क्योंकि अज्ञानी, अनपढ़ शूद्रों को बताने से कोई फायदा नहीं। यदि इसके उपरान्त भी शूद्र समाज के लोग मूर्ख ही बने रहना चाहते हैं तो उसके लिए आप भी स्वयं क्या करेंगे?

ज्योतिराव—इसके लिए उपाय के तौर पर मेरा यह भी कहना नहीं है कि अपनी दयालु सरकार ने सबसे पहले ब्राह्मण समाज की (जन) संख्या के अनुपात में सभी विभागों में ब्राह्मण कर्मचारियों की नियुक्ति नहीं करनी चाहिए। लेकिन मेरा कहना यह है कि, यदि उसी अनुपात में शेष सभी जातियों के कर्मचारी न मिलते हों तो सरकार ने उनके स्थान पर केवल यूरोपियन कर्मचारियों की नियुक्तियाँ करनी चाहिए। मेरे कहने का मतलब यह है कि, सभी ब्राह्मण कर्मचारियों को सरकार और अज्ञानी शूद्रों का इतना नुकसान करने का मौका भी नहीं मिलेगा। दूसरी बात यह है कि, सरकार ने केवल उन यूरोपियन कलेक्टरों को जिनको अच्छी तरह से महाराष्ट्र भाषा (मराठी भाषा) बोलना आता है, उन सभी को उम्रभर के लिए पेंशन देकर उनको वही तमाम गाँव खेड़ों में रहने वाले अज्ञानी, अनपढ़, डरपोक और ब्राह्मण-पण्डित-पुरोहितों के हाथ के खिलौने बने हुए शूद्रों में मिलजुलकर रहने के लिए प्रेरित करना चाहिए। और उनके द्वारा सभी ब्राह्मण-कुलकर्णी आदि कर्मचारियों की चालाकी पर कड़ी नजर रखना चाहिए। उनके पेंशन प्राप्त अधिकारियों के द्वारा हमेशा वहाँ की छोटी-मोटी गतिविधियों पर रिपोर्ट मँगवानी चाहिए। उसका परिणाम यह होगा कि, यहाँ के सरकारी शिक्षा विभाग के ब्राह्मण कर्मचारियों की लुभावनी चालाकी का पर्दाफाश हो जायेगा। इसका परिणाम यह होगा कि पिछले कुछ दिनों से सारे शिक्षा विभाग की जो भी दुर्दशा हुई है, उसका पूरी तरह से बन्दोबस्त हो जायेगा। और तमाम अज्ञानी शोषित शूद्रों को यथार्थ का पता चलते ही वे लोग इन ब्राह्मण-पुरोहितों के कुतर्की अधिकारों का पूरी तरह से निषेध करेंगे। और ये अज्ञानी शूद्र लोग अपनी रानी सरकार के उपकारों को भी भूलेंगे नहीं, इस बात का मुझे पूरा विश्वास है। क्योंकि हम शूद्रों के गले में सदियों से इन ब्राह्मण-पण्डित-पुरोहितों के द्वारा बाँधी गयी गुलामी की जंजीरें जल्दी ही किसी के द्वारा खुल जाना सम्भव नहीं है।

धोंडिराव—तात, फिर आप अपने बचपन में अखाड़े खेलने और निशाने पर गोली दागने की कसरत किसलिए कर रहे थे?

ज्योतिराव—अपने दयालु अंग्रेज सरकार को मार भगाने के लिए।

धोंडिराव—तात, लेकिन आपने इस तरह की दुष्ट मसलहत कहाँ से सीखी?

ज्योतिराव—चार-दो पढ़े-लिखे, सुधरे हुए ब्राह्मण विद्वानों से लेकर आज के सुधारवादी (लेकिन घर में चूल्हे के पास) ब्राह्मणों तक सभी लोग इसका कारण यह बताते हैं कि, अपने में ही अधिकांश जाति के लोग अपने अनादिसिद्ध धर्म के बारे में अज्ञानी हैं इसलिए अपने सभी लोगों की एकता समाप्त हो गयी। इसी की वजह से अपने में ही कई प्रकार के जातिभेद पैदा हो गये। अपने में ही इस तरह का बिखराव आने की वजह से अपना राज काज अंग्रेजों के हाथ में चला गया। और वे लोग अब अपने अज्ञानी, भोले भाले लोगों का अपने देश के प्रति जो अभिमान है वह समाप्त हो, इसलिए वे लोग उनको अपने मतलबी धर्म के आधार दिखाकर अपने गुरुभाई (धर्मबन्धु) बना रहे हैं। इसलिए हम सभी जाति के लोगों ने अपनी एकता कायम किये बगैर इन अंग्रेज लोगों को अपने देश से निकाल बाहर करने की शक्ति हम लोगों में आयेगी नहीं। और उस तरह किये बगैर हम सब लोगों को अपने अनादिसिद्ध धर्म में आवश्यक परिवर्तन करके, हम सभी लोगों की पूरी तरह एकता किये बगैर हम लोगों को अमेरिकी, फ्रान्स और रशियन लोगों की बराबरी में आना कदापि सम्भव नहीं है, इस तरह उन्होंने मुझे टॉम्स पेन्स[2] आदि ग्रन्थकारों की किताबों के कई वाक्य उदाहरण स्वरूप देकर सिद्ध करके दिखाये हैं। इसी की वजह से मैं उस तरह से मूर्खतापूर्ण आचार कुछ दिनों तक मेरे बचपन में मैं करता था।

लेकिन बाद में मैं जब उन्हीं ग्रन्थों के सहारे गम्भीर रूप से सोचने लगा, तब कहीं उन पढ़े-लिखे ब्राह्मणों के मतलबी मलमपट्टी का सही अर्थ मेरे ध्यान में आया। वह सही अर्थ यह है कि, "हम सभी शूद्र लोग अंग्रेजों के गुरु भाई (धर्म बन्धु) होते ही हम लोग उनके पूर्वजों के तमाम ग्रन्थों का, (धर्म शास्त्रों का) निषेध करेंगे और उससे उनके जाति अहंकार को ठेस पहुँचेगी। उसी प्रकार उसका तुरन्त परिणाम यह होगा, कि उनके हर हरामी लोगों को हम शूद्रों के श्रम की रोटियाँ खाने को नहीं मिलेंगी। उसी प्रकार ब्रह्मा के बाप को भी यह कहने की हिम्मत नहीं होगी कि शूद्रों से ब्राह्मण ऊँचे वर्ण के हैं। अरे, जिन लोगों के मूल पूर्वजों को ही देशाभिमान शब्द बिल्कुल मालूम नहीं था, फिर उन लोगों ने उस शब्द का इस तरह से अर्थ किया, इसके लिए हमको बहुत आश्चर्य करने की आवश्यकता नहीं है। क्योंकि अंग्रेज लोगों ने वास्तव में वह बलि राजा आने के पहले देशभिमान शब्द का अर्थ ग्रीक लोगों से पढ़ा था। लेकिन बाद में जब वे उस बलि राजा के अनुयायी हुए, तब से उनमें यह सद्गुण इतना बढ़ा कि उनकी बराबरी अन्य किसी भी धर्म का स्वाभिमानी व्यक्ति नहीं कर सकता था। यदि उनको देखना ही है तब उन्होंने अपने में से अमेरीका के

बलि राजा के मतानुयायी जॉर्ज वाशिंगटन की तुलना (योग्यता) का आदमी दिखाना चाहिए। यदि शायद उनसे ऐसे महापुरुष की योग्यता का आदमी दिखाना सम्भव न हो तब उन्होंने फ्रान्स के बलि राजा के मतानुयायी लफेटे की योग्यता का आदमी दिखाना चाहिए, जिसके कारण उनको कोई कुतर्की लोग नहीं कहेगा। अरे, यदि इन पढ़े-लिखे विद्वानों के पूर्वजों को स्वदेशाभिमान वास्तव में मालूम होता, तो उन्होंने अपनी किताबों में, अपने धर्मशास्त्रों में अपने ही देशबन्धुओं (शूद्रों) को पशु से भी नीच समझने के बारे में लेख नहीं लिखे होते।

वे ब्राह्मण-पण्डित-पुरोहित वर्ग के लोग मैला खाने वाले पशु का गोमूत्र पीकर पवित्र होते हैं। लेकिन वे (ब्राह्मण) शूद्रों के हाथ का साफ-सुथरे झरने का पानी पीने से अपने आपको अपवित्र समझते हैं। देखिये इन पढ़े-लिखे विद्वानों के पूर्वजों ने ग्रिशियन लोगों के पवित्र देशाभिमान के विरुद्ध उपस्थित किया हुआ अपवित्र देशाभिमान हमको यदि किसी की बदौलत समझा होगा, तो वह अंग्रेजों की बदौलत। और ऐसे परोपकारी लोगों को मतलब हम सभी को ब्राह्मण विद्वानों की गुलामी से मुक्त करने वाले लोगों को, अपने देश से भगा देने की उन ब्राह्मण विद्वानों की कसरत में ऐसा कौन है जो शामिल होना चाहेगा? अरे ऐसा कौन मूर्ख आदमी है कि, जो अपने रक्षकों के विरुद्ध ही अपना हथियार उठाने की हिम्मत करेगा? लेकिन मैं तुमको इतना स्पष्ट रूप से बता देता चाहता हूँ कि अंग्रेज लोग आज हैं, कल नहीं रहेंगे। वे लोग हमेशा-हमेशा के लिए हम लोगों का साथ करेंगे ऐसी भी बात नहीं है। इसलिए जब तक उन अंग्रेज लोगों की सत्ता इस देश में है, तब तक हम सभी शूद्र लोगों ने जितना जल्दी हो सके उतने जल्दी ब्राह्मण-पण्डित-पुरोहितों की परम्परागत (धार्मिक-सामाजिक-सांस्कृतिक) गुलामी से मुक्त होना चाहिए। और इसी में हम सभी की बुद्धिमानी है। भगवान ने एक बार शूद्रों पर दया करके अंग्रेज बहादुरों के हाथ से ब्राह्मण नाना साहेब पेशवा के विद्राह को चकनाचूर कर दिया इसलिए अच्छा हुआ। वरना उन शादावल के लिंग के इर्दगिर्द रुद्र करने वाले पढ़-लिखे ब्राह्मणों ने आज तक कई महारों को ब्राह्मणी ढंग की धोती पहनने की वजह से या कीर्तनों में संस्कृत श्लोकों का पठन-पाठन करने की वजह से काला पानी दिखा दिया होता, इसमें कोई सन्देह नहीं।

सन्दर्भ

1. महाराष्ट्र में मराठा शासन काल में और खासतौर पर पेशवाई के काल में खोती पद्धति का उदय हुआ है। उसमें खोत ब्राह्मण होता था जो एक गाँव और इस तरह कई गाँवों की भूमि का स्वामी होता था। इस खोत का काम यही था कि शूद्रों को जमीन जोतने-बोने के लिए देना और फसल के समय किसानों से तीन चौथाई अनाज जबरन ले लेना। शूद्र किसानों पर इसका अपना वर्चस्व चलता था। इतना ही नहीं, बल्कि यह भी कहा जाता है कि शूद्र किसानों की बहुओं को शादी

के बाद की पहली रात इसी खेत के बंगले पर गुजारनी पड़ती थी। इसलिए इस अमानवीय खोती प्रथा के विरोध में ज्योतिराव फुले से लेकर शाहू महाराज तक सभी ने आवाज बुलन्द की थी और डॉ. बाबा साहेब आम्बेडकर ने बम्बई असेम्बली में इस खोती प्रथा में विरुद्ध कानून बनवाया था।

2. टॉम्स पेन—एक बहुत बड़ा क्रान्तिकारी विचारक था। उसके 'मनुष्य के हक' (Rights of Man) नाम के ग्रन्थ से म. ज्योतिराव फुले बहुत ही प्रभावित थे।

परिच्छेद : पन्द्रह

सरकारी शिक्षा विभाग, म्युनिसिपालिटी, दक्षिण प्राइज कमिटी, और ब्राह्मण अखबार वालों की एकता, तथा शूद्रों-अछूतों के बच्चों ने लिखना-पढ़ना नहीं सीखना चाहिए इसलिए ब्राह्मणों द्वारा रचाये गये षड्यन्त्र आदि के सम्बन्ध में।

धोंडिराव—सरकारी बुनियादी शिक्षा विभाग के ब्राह्मण कर्मचारी गुलाबी बेईमानी करते हैं, इसका क्या मतलब है?

ज्योतिराव—फिलहाल जिस किताब की वजह से ब्राह्मणों के सभी (धर्म) ग्रन्थों में, (धर्म) शास्त्रों में, साहित्य में जो बेईमानीपूर्ण बातें लिखी गयी हैं उसका रहस्य खुल जायेगा और उनके पूर्वजों का भंडाफोड़ होगा, उनकी बेइज्जती होगी, इस बात से वे लोग भयग्रस्त हो गये हैं। उन्होंने अपनी भोली-भाली सरकार को कभी-कभी अकेले में मिलकर और कभी-कभी अखबारों के द्वारा तरह-तरह की गुलाबी, रंगीन मसलने देकर उनके अधिकार में जितनी सरकारी पाठशालाएँ हैं उन सभी में सरकारी बुनियादी शिक्षा विभाग द्वारा उस किताब पर बहिष्कार घोषित कर दिया गया। अरे, यदि ऐसे प्रगत युग में उनके शिष्य कहलाने वाली सरकार ने चार स्वार्थी तथाकथित प्रगत ब्राह्मणों की गुलाबी दलीलें सुनकर तमाम सरकारी शिक्षा विभाग से उस तरह की महत्त्वपूर्ण किताब को पाठ्यक्रम से निकाल बाहर किया, तब हम क्या कहें? पहले के जमाने में किन्हीं अज्ञानी अधिकारियों ने चार धर्मभ्रष्ट, पाखण्डी पुरोहितों के आग्रह के खातिर उस तरह का उपदेश देने वाले उपदेशक को सूली पर चढ़ा दिया था, इसलिए ब्राह्मण-पण्डित-पुरोहितों की, उनके धर्मशास्त्रों की पोल खोलने वाली किताब को स्कूलों के पाठ्यक्रम से बहिष्कृत कर दिया तब हमें भी क्यों आश्चर्य लगना चाहिए?

धोंडिराव—तात, लेकिन इसमें सरकार का क्या दोष है, इसके बारे में जरा समझाइये।

ज्योतिराव—इस बात को हम कैसे मानें कि इसमें सरकार का कुछ भी दोष नहीं है? क्योंकि सरकार ने जिन तथाकथित प्रगत ब्राह्मणों की दलील पर उस तरह के सत्य को कहने वाली किताब को स्कूलों के पाठ्यक्रम से निकाल बाहर किया,

तब फिर उस किताब का विरोध करने वाले लोगों ने तैयार की हुई किताबें सरकारी शिक्षा विभाग के द्वारा स्कूलों के अभ्यासक्रमों में लगवाकर, फिर उन्हीं लोगों को ही शूद्रों के स्कूलों में शिक्षक के रूप में नियुक्त करना, क्या यह उचित है? चूँकि इसके बारे में सोच-विचार करने के बाद यह सिद्ध होता है कि, कल तक उस किताब को जिन प्रतिवादियों ने सरकारी शिक्षा विभाग से बहिष्कृत करवाया, उन्हीं लोगों ने तैयार की हुई, सभी नयी किताबें शिक्षा विभाग से बहिष्कृत करने की बजाय, सरकार उनको अनुदान-बख्शीश स्वरूप बड़ी-बड़ी रकमें देकर, उन लोगों को ही सभी सरकारी स्कूलों में शिक्षक के रूप में नियुक्ति करके उनको उस पवित्र किताब के विरुद्ध शूद्रों को मुँह से उपदेश देने का अवसर क्यों दे रही हैं। इसलिए यदि हमारी भोली-भाली सरकार द्वारा उस पवित्र किताब की तरह ही सरकारी शिक्षा विभाग के उन सभी प्रतिवादियों को उनकी किताबों के साथ निकाल-बाहर करना सम्भव न हो तो हमारी सरकार को कृपया सभी शिक्षा विभाग एक साथ बन्द कर देने चाहिए। जिससे ये लोग अपने-अपने घरों में जाकर आराम से बैठ जायेंगे और कम से कम यह होगा कि हम शूद्रों पर जो करों का बोझ लदता जाता है, वह कम हो जायेगा। क्योंकि शिक्षा विभाग के एक प्रमुख ब्राह्मण कर्मचारी को हरसाल कम से कम सात हजार रुपया तनख्वाह देनी पड़ती है। अब सुलतानी रही नहीं। किन्तु असमानी मेहर हुई तब बताइये कि इतनी रकम तैयार करने के लिए शूद्रों के कितने परिवारों को एक साल तक दिन-रात खेतों में जुते रहना पड़ता होगा! कम से कम एक हजार शूद्र परिवार इसमें जुतते ही होंगे।

दूसरी बात, इस मुआवजे के प्रमाण-पत्र में इस ब्रहस्पती (ब्राह्मण) से शूद्रों को सही में कुछ लाभ भी होता है? अरे, हर दिन चार पैसा कमाने वाले शूद्र मजदूरों को चिलचिलाती धूप में सूरज के निकलने के समय से लेकर सूरज के डूबने तक सड़क पर मिट्‌टी की टोकरियाँ सर पर ढोनी पड़ती हैं। उस बेचारे को कहीं बाहर जाने के लिए एक पल की भी फुर्सत नहीं मिलती और हर दिन बिना काम किए, बगैर शारीरिक श्रम के हर दिन बीस रुपया मिलने वाले ब्राह्मण कर्मचारियों को स्कूलों में खुली जगह पर कुर्सी में बैठने का काम करना पड़ता है। वे लोग म्युनिसिपालिटी के मेहमान बनकर, हर दिन सुबह और शाम को धूपगर्मी का माहौल समाप्त हो जाने के बाद बाहर घूमने के लिए निकल पड़ते हैं। उनके बाहर घूमने के लिए निकलने का उद्‌देश्य यही होता है कि, इन्होंने अपने सभी परिचितों से मेल-मिलाप के लिए जाना चाहिए। इसलिए वे लोग बड़े सजधज के बड़े नखरे में घोड़े की गाड़ी में सवार होकर शहर के रास्तों पर लोगों की दहलीज-खलिहान देखकर अपनी अकड़ दिखाते रहते हैं। लेकिन उनको यह सब अकड़ दिखाने के लिए फुर्सत कहाँ से मिल जाती है? अरे, उन्होंने शहर के लोगों को अभी तक यह नहीं बताया कि शिक्षा से क्या-क्या लाभ होते हैं। लेकिन उनको अपना इस तरह का नखरा दिखाते हुए शहर की सड़कों

पर घूमने में बड़ा मजा आता है, बड़ा गौरव लगता है। लेकिन फिर मिशनरियों का हर माह दस रुपया पाने वाला उपदेशक इन ब्राह्मण-पण्डित-पुरोहितों से हजार गुना अच्छा हैं। ये लोग उन मिशनरी उपदेशकों के पाँव के धूल की भी बराबरी करने योग्य नहीं है। क्योंकि जिस शहर में वह (ख्रिस्ती) मिशनरी उपदेशक रहता है, उस शहर के सभी छोटे-बड़ों को यह मालूम रहता है कि, वह एक धर्मोपदेशक है। किन्तु यह ब्राह्मण शिक्षक जिस मकान में रहता है उस मकान के नीचे के मकान में रहने वाले किरायेदार को भी मालूम नहीं रहता है कि यह कौन तीस्मारखाँ है। अरे, यह ब्राह्मण शिक्षक अपने ऊपर वाले यूरोपियन कर्मचारी के पास हर दिन इधर-उधर की चार गप लगाकर मन चाहे तब घण्टा दो घण्टा स्कूल में बच्चों को पढ़ाकर उनको साल में दो-चार लिखित रिपोर्ट कर देता है। मतलब उसका काम हो गया। और ऐसे लोगों को ही चार पढ़े-लिखे लोग ईमानदार नौकर और देशभक्त कहते हैं। अरे, इन बिकाऊ ब्राह्मण नौकरों ने आजतक शिक्षा विभाग के लाखों रुपये खा लिए हैं। लेकिन सच कहता हूँ, उनके हाथों में से न तो किसी अछूत को शिक्षा मिली और न शूद्रों को। उन्होंने उनमें से किसी एक को भी आज तक म्युनिसिपालिटी का सदस्य नहीं बनाया। इससे अब तुम ही सोचो कि, इस शिक्षा विभाग में जितने ब्राह्मण कर्मचारी हैं वे सभी वफादार नौकर अपने देश के अज्ञानी अछूतों के प्रति कितनी हमदर्दी दिखाते हैं! इतना ही नहीं, ये देशभक्त, म्युनिसिपालिटी में मुख्य अधिकारी होने पर भी, उन्होंने पिछले साल के पानी के अकाल में अछूतों को पीने के लिए सरकारी बावड़ी का पानी लेने में कोई मदद नहीं की। इसलिए अछूतों का म्युनिसिपालिटी में सदस्य होना कितना आवश्यक है, इसके बारे में अब तुम ही सोच सकते हो।

धोंडिराव—तात, आपका कहना एकदम सच है, इसमें कोई दो राय नहीं हो सकती। किन्तु मैंने सुना है कि, म्युनिसिपालिटी फिलहाल शूद्रों में से कई सदस्य इतने विद्वान हैं कि, वे अपना मत देते समय 'अरे गोविन्दा' कहलाने वाले यन्त्र की तरह अपनी गरदन हिलाकर उनकी हाँ में हाँ मिला देते हैं। क्योंकि वहाँ खुद के हस्ताक्षर करने वालों की ही पहले कमी, फिर वहाँ शेष सभी इने-गिने पूज्य कहे जाने वाले लोग रहे। फिर ऐसे शूद्र सदस्यों की कमेटी में कुर्सी पर बैठकर अपनी गरदन हिलाकर हस्ताक्षर करने योग्य कुछ लोग क्या अछूतों में मिल जायेंगे?

ज्योतिराव—ऐसे शूद्र सदस्यों से भी कई गुना अच्छी तरह लिखने-बोलने वाले कई अछूत लोग मिलेंगे। लेकिन ब्राह्मणों के स्वार्थी, नकली, पाखण्डी धर्मग्रन्थों, धर्म शास्त्रों की वजह से सभी अछूतों को छूना पाप समझा गया। जिसकी वजह से स्वाभाविक रूप से उन बेचारों को शूद्र सदस्यों की तरह सभी लोगों में मिलजुलकर अमीर होने की सुविधा कहाँ उपलब्ध हो सकती है! उनको आज भी गधों पर बोझ लादकर अपना, अपने परिवार का पेट पालना पड़ रहा है।

धोंडिराव—तात, सभी जातियों का अलग-अलग संख्या प्रमाण देखने से

म्युनिसिपालिटी में विशेष रूप से किस जाति के सदस्यों की संख्या ज्यादा दिखायी देती है?

ज्योतिराव—ब्राह्मण जाति की।

धोंडिराव—तात, इसीलिए इस म्युनिसिपालिटी में बेगारियों को और भंगियों को छोड़कर ब्राह्मण कर्मचारियों की ही संख्या ज्यादा है। इनमें से कुछ जलप्रदाय विभाग में काम करने वाले ब्राह्मण कर्मचारी थे वे भयंकर गरमी के दिनों में अपने जाति के ब्राह्मणों के सभी घरों के टाकियों (हौद) में मन चाहे उतना पानी भर देते थे। और उस पानी का उपयोग वहाँ के इर्दगिर्द के सभी पड़ोसी ब्राह्मणों को धोती-कपड़े-बरतन आदि धोने के लिए होता था। और ढेर सारा पानी व्यर्थ में बहता था। लेकिन जहाँ-जहाँ गरीबों की बस्तियाँ, जिन-जिन मोहल्लों में गरीब शूद्रों की बस्तियाँ हैं, उन सभी मोहल्लों की टाकियों में (हौद) दोपहर के बाद भी पानी की बूँद भी नहीं गिरती थी। दोपहर में राह चलते राहगीर को अपनी प्यास बुझाने के लिए पानी वहाँ मिलना भी दरकिनार। फिर वहाँ के लोगों को कपड़ा-लत्ता धोने के लिए बाल-बच्चों सहित सभी को नहाने के लिए पानी कहाँ से मिलेगा! इसके अलावा ब्राह्मणों की बस्तियों में नयी टंकियाँ कितनी बनाई गयीं और जूनागंज पेठ[2] (मंडी) आदि मोहल्लों के लोगों ने कई सालों से माँग की थी कि उनके मोहल्ले में पानी की टंकी बनवायी जाय, लेकिन म्युनिसिपालिटी ने उनकी बात पर, उनके चिल्लाने पर कोई ध्यान नहीं दिया। यहाँ ब्राह्मण सदस्यों की संख्या ज्यादा होने की वजह से उन बेचारे गरीबों की कई वर्षों तक कुछ सुनवाई ही नहीं हुई। लेकिन अन्त में मतलब पिछले साल जब पानी का अकाल पड़ा, तब मिठगंज के महार-मातंगों ने काले हौद को छूकर वहाँ से पानी भरना शुरू कर दिया। तब कहीं उस म्युनिसिपालिटी को होश आया। और उसने इन लोगों की ओर ध्यान दिया। इस म्युनिसिपालिटी ने इतना बेलगामी खर्च उस काम पर किया कि वह उस म्युनिसिपालिटी के मुखिया की समझबूझ को और उसके हालात को शोभा ही नहीं देता। छोड़िये इन बातों को लेकिन म्युनिसिपालिटी में इतनी बेबंदशाही होने पर भी उसके बारे में मराठी अखबारों के पत्रकार सरकार को क्यों आगाह नहीं कर रहे हैं?

ज्योतिराव—अरे, सभी मराठी अखबारों के सम्पादक ब्राह्मण होने की वजह से उनको अपने जाति के लोगों के विरुद्ध लिखने के लिए हाथ नहीं चल रहा है। जब यूरोपियन मुखिया था, उस समय वह सभी ब्राह्मणों की चतुराई चलने नहीं देता था। उस समय सभी ब्राह्मण संगठित होकर उन पर यह आरोप करने लगते थे कि, उनके ऐसा करने से हम सभी प्रजा का इस तरह से नुकसान हुआ है। इस प्रकार इन ब्राह्मणों द्वारा उनके विरुद्ध इस तरह गलत-सलत अफवाहें फैलाकर उनको इतना त्रस्त कर देते थे कि उनको अपने मुखिया पद का राजीनामा देने के लिए मजबूर होना पड़ता था। और वे आगे इस म्युनिसिपालिटी का नाम लेना भी छोड़ देते थे।

लेकिन अपनी दयालु सरकार भी उन सभी ब्राह्मणी मतलबी अखबारों की बात को सुनकर के उन खबरों को सच मानकर के कह देती थी कि उस लेख में सभी शूद्रों और अछूतों की बातें व्यक्त हो गयी हैं। लेकिन ऐसा समझने में हमारी भोली-भाली सरकार की बहुत बड़ी गलती है। उसको इतना भी मालूम नहीं कि, सभी ब्राह्मण अखबार वालों की और शूद्र तथा अछूतों की जन्म-जन्म में एक बार भी ऐसे काम में मुलाकात नहीं होती। उनमें से अधिकांश ऐसे अछूत हैं जिनको यही नहीं मालूम कि आखिर अखबार किस बला का नाम है, सियाल या कुत्ता, या बन्दर, यह सब कुछ भी मालूम नहीं। फिर ऐसे अपरिचित, अनजान अछूतों के विचार इन सभी मांगलिक अखबारों को कहाँ से और कैसे मालूम होते हैं?

उन्होंने सरकार की मजाक करके अनपढ़ लोगों के दिलों को अपनी ओर आकर्षित करने के लिए, उनके प्रति झूठी हमदर्दी दिखाकर, अपने पेट पालने के लिए उन्होंने इस तरह का नया तरीका खोज निकाला है। यदि ऐसा न कहें, तब तमाम सरकारी विभागों में ब्राह्मण जाति के कर्मचारियों को ही भर्ती होने की वजह से सभी शूद्रों और अछूतों का भयंकर नुकसान हो रहा है। लेकिन उनको इस के बारे में जाँच पड़ताल करने की फुर्सत ही नहीं मिल रही है, इस बात को क्या हम सच मान सकते हैं? नहीं। क्योंकि सात समन्दर पार लन्दन शहर की रानी सरकार के मुख्य प्रधान अपने सपने में हिन्दुस्तान के बारे में किस-किस प्रकार की बातें बरगलाते रहे हैं, इस सम्बन्ध में छोटी-मोटी खबरें अखबारों में छपती रहती हैं। हमारा कहने का मतलब यह है कि सब कहने के लिए उनको कहाँ से फुर्सत मिलती है? छोड़िये इन बातों को भी। फिर भी किसी मराठी ईसाई अखबार वाले ने यह लिखा है कि म्युनिसिपालिटी में गरीबों को सुना नहीं जाता, उनकी वहाँ कोई सुनवाई नहीं होती। इस तरह की खबर छपने के बाद सभी मराठी अखबारों की इस तरह की खबरें सारांश रूप में अंग्रेजी में अनुवाद करके सरकार को दिखाने का काम म्युनीसिपालिटी के ही किसी एक ब्राह्मण सदस्य को सौंप दिया गया है। लेकिन वे लोग इस तरह की रिपोर्ट को म्युनिसिपालिटी में अपने कन्धे से कन्धा मिलाकर बैठने वाले जाति-भाइयों की परवाह न करते हुए उनके (अपने जाति के लोगों के) विरुद्ध मजमून सरकार के सामने क्या रख पायेंगे?

धोंडिराव—तात, इस तरह से यदि चारों ओर सभी क्षेत्रों में ब्राह्मणों का वर्चस्व, बहुलता होने की वजह से ही शेष सभी जाति के लोगों का नुकसान हो रहा है। इसलिए यदि आप इस सम्बन्ध में एक छोटी-सी किताब लिखकर 'दक्षणा-प्राइज' कमिटी को भेज दीजिए। मतलब उस किताब की वजह से सरकार की बन्द आँखें खुल जायेगी।

ज्योतिराव—ब्राह्मण-पण्डित-पुरोहित (जोशी) अपने मतलबी धर्म के गपोड़े से अज्ञानी शूद्रों को किस-किस तरह बहकावे में लाकर, फुसलाकर के खाते-पीते हैं और ईसाई मिशनरी अपने निस्वार्थ धर्म की सहायता से अज्ञानी शूद्रों को सही

ज्ञान देकर उनको किस प्रकार से सत्य के मार्ग पर चलने की प्रेरणा देते हैं आदि तमाम बातों के बारे में मैंने एक छोटा-सा नाटक लिखा है। और सन् 1855 में 'दक्षणा-प्राइज' कमिटी को भेजा था। लेकिन वहाँ भी इसी प्रकार के जिद्दी ब्राह्मण सदस्यों के दुराग्रह की वजह से यूरोपियन सदस्यों की एक भी न चल सकी। तब उस कमिटी ने मेरे इस नाटक को नापसन्द किया। अरे, इस 'दक्षणा-प्राइज' कमिटी को म्युनिसिपालिटी की ही छोटी बहन कहने में कोई आपत्ति नहीं होगी। क्योंकि इस 'दक्षणा-प्राइज' कमिटी ने शूद्रों को प्रेरित करना चाहिए था। शूद्रों को लिखने की प्रेरणा मिले इसलिए कितनी जगह पर सहयोग दिया यह खोजने के लिए आप चिराग लेकर भी जायें जो कुछ मिलने वाला नहीं है। अन्त में मैंने उस किताब को अलग रख दिया और कुछ साल बीत जाने के बाद दूसरी छोटी-सी किताब लिखी। उस किताब में मैंने ब्राह्मणों की चालाकी (कसब) के सम्बन्ध में लिखा था। और मैंने स्वयं के पैसों से ही उस किताब को छपवाकर प्रसिद्ध किया था। उस समय पूना के मेरे एक मित्र ने बड़े आग्रह के साथ उस किताब की कुछ प्रतियाँ सभी शिक्षा विभाग के सभी मुख्य अधिकारियों को खरीदना चाहिए इसलिए उसने मेरी ओर से उन सभी अधिकारियों को एक-एक सूचना पत्र भिजवाया। लेकिन उनमें से किसी एक भी अधिकारी ने ब्राह्मण-पण्डितों की डर की वजह से एक भी किताब खरीदकर अपने नाम को किसी भी प्रकार दोषारोप नहीं लगने दिया।

धोंडिराव—तात, सच तो यह है कि आपको अपने लिए सभी लोगों के आगे-आगे करने की आदत है नहीं। इसलिए आपकी किताबें बिकती नहीं।

ज्योतिराव—अरे, मेरे बाप, अच्छे काम को सफल बनाने के लिए बुरे इलाज नहीं खोजने चाहिए, वरना उस काम के अच्छेपन को ही धब्बा लग जाता है। उन्होंने मेरी एक किताब नहीं खरीदी, इसलिए क्या उससे मेरा बहुत कुछ नुकसान हुआ है? नहीं, लेकिन अब इसके बाद मैं उस तरह के घटिया लोगों के सामने किसी भी प्रकार की अर्जी करना पसन्द नहीं करूँगा। मैं उनका निषेध करूँगा। मैंने पढ़ा है कि किस तरह से हमें अपने उत्पन्नकर्ता पिता पर निर्भर रहना चाहिए। इसलिए मैं उसका तीन बार धन्यवाद करता हूँ।

धोंडिराव—तात, बाद में आपने जब ब्राह्मण आदि जाति की लड़कियों के लिए स्कूल की स्थापना की थी, उस समय सरकार ने मेहरबान होकर आपको बड़े सत्कार के साथ एक शॉल भेंट की थी। बाद में उसी तरह आपने अन्य अछूतों के लिए स्कूल की स्थापना करके उसके लिए कई ब्राह्मणों की सहायता ली थी। और उन सभी स्कूलों में बड़े जोर-शोर के साथ पढ़ाई-लिखाई शुरू कर ली थी। लेकिन बाद में बीच में ही वह काम अचानक एक ओर रखकर दूर हट गये। बाद में कुछ साल बीत जाने के बाद आपने सभी यूरोपियन लोगों के घर में आना जाना भी एक तरह से बन्द जैसा ही कर दिया था, इसकी वजह क्या हो सकती है?

ज्योतिराव—ब्राह्मण आदि जाति की लड़कियों के लिए स्कूल शुरू कर देने की वजह से सरकार को बड़ा आनन्द हुआ और उन्होंने मुझे एक शॉल भेंट कर दी, यह बात बिल्कुल सच है। लेकिन मुझे जब अछूतों के लड़के-लड़कियों के लिए स्कूल शुरू करने की आवश्यकता महसूस हुई, तब मैंने उस काम के लिए कई ब्राह्मणों को सदस्य बनाया। और वे सभी स्कूल ब्राह्मणों के हाथों में सौंप दिये। जब मैंने अछूतों के लड़के-लड़कियों के लिए स्कूल शुरू किये, उस समय सभी यूरोपियन गृहस्थों ने मुझे बहुत बड़ी मात्रा में अर्थ सहायता की। उन उदार गृहस्थों ने रेवेन्यू कमिश्नर रीव्हज़् साहब ने जो अर्थ सहायता की उसको मैं कभी भी भूल नहीं सकता। उन उदार गृहस्थों ने मुझे सिर्फ अर्थ की सहायता ही की है ऐसी भी बात नहीं। बल्कि उन्होंने अपना महत्त्वपूर्ण धन्धा सँभालते हुए भी उन अछूतों के स्कूल में बार-बार आकर इस बारे में बार-बार पूछताछ करते थे कि उन छात्रों ने पढ़ाई-लिखाई में कितनी तरक्की की है। उसी प्रकार छात्रों को पढ़ने के लिए प्रेरित करना चाहिए इसलिए वे लोग बड़ी कोशिश करते थे। इसलिए उनके उपकार अछूतों के छात्रों की रग-रग में समाये हुए हैं। उनके इन उपकारों से मुक्त होने के लिए उन्होंने अपने चमड़े की जूतियाँ बनाकर उनके पाँव में पहनायीं, तब भी वे उनके उपकारों से मुक्त नहीं हो सकते।

उसी प्रकार अन्य कुछ यूरोपियन गृहस्थों ने मुझे इस काम के लिए काफी सहायता की है, इसलिए मैं उनका आभारी हूँ। उस सयम उस काम में भी मुझे ब्राह्मण सदस्यों को लेने की जरूरत महसूस हुई। उसके अन्दर की बात किसी समय मैं जरूर बताऊँगा। लेकिन बाद में जब मैंने उन स्कूलों में ब्राह्मणों के पूर्वजों के बनावटी धर्मशास्त्रों में लिखी गयी धूर्ततापूर्ण बातों के सम्बन्ध में जब उन छात्रों को पढ़ाना-समझाना शुरू कर दिया तब उन ब्राह्मणों में और मेरे में अन्दर ही अन्दर बोलचाल में बेबनाव बढ़ता गया। उनके कहने का रुख इस तरह दिखायी दिया कि, उन अछूतों के बच्चों को बिल्कुल ही पढ़ना-लिखना सीखना नहीं चाहिए। लेकिन उनको पढ़ना-लिखना सीखना ही जरूरी है तब उनको केवल अक्षरों का ज्ञान हो, बस! इतना ही पढ़ना-लिखना सीखना चाहिए, इससे ज्यादा बिल्कुल नहीं। लेकिन मेरा कहना यह था कि, उन अछूत बच्चों को अच्छे दर्जे का पढ़ना-लिखना सिखाकर उनमें इतनी क्षमता पैदा करें कि वे अपना हित-अहित स्वयं जान सकें। अब, उनका यह कहने में कि, अछूतों को पढ़ना-लिखना नहीं सिखाना चाहिए, क्या स्वार्थ हो सकता है? उनके मन की बात को निश्चित रूप से समझ लेना आसान नहीं है। लेकिन यह हो सकता है कि, ये लोग पढ़-लिखकर बुद्धिमान बनेंगे, ऐसा उनको लगता होगा। और यह भी लगता होगा कि, हमारी तरह ही इनको भी पढ़ने-लिखने का मौका मिला, सही ज्ञान प्राप्त हुआ, और उनको सच और झूठ में फर्क समझ में आया तब से लोग हमारा निषेध करेंगे। और सरकार के वफादार अनुयायी बनकर

हमारे पूर्वजों ने उन पर जो जुल्म किये, जो ज्यादतियाँ की है उस इतिहास के पन्ने पढ़कर अपना पूरी तरह से निषेध करेंगे। यही उनकी भावना हो सकती है। इस तरह जब उनके और मेरे विचारों में फर्क पड़ने लगा तब मैंने उन ब्राह्मण-पण्डितों के नकली, स्वार्थी स्वरूप को पहचान लिया। और उन दोनों संस्थाओं से एक ओर हट गया। अब उसके लिए कुछ साल बीत गये। इसी दरम्यान ब्राह्मण पाण्डे (मंगल पाण्डे–1857 का विद्रोह) का विद्रोह शुरू हो गया। उसी समय से सभी यूरोपियन सभ्य लोग मेरे साथ पहले की तरह खुल कर बातचीत नहीं करते। बल्कि वे मुझे देखते ही अपने चेहरे पर मायूसी लाने लगे। तब से मैंने भी एक तरह से उनके घर पर आना-जाना एकदम बन्द कर दिया है।

धोंडिराव–तात, ब्राह्मण पाण्डे की बदमस्ती की वजह से उन यूरोपियन लोगों ने हम जैसे निरपराधियों को नजरअन्दाज किया है और वे लोग हमको देखते ही अपने चेहरे पर मायूसी लाने लगे हैं। यह उनकी उदारवादी दृष्टि को और उनकी बुद्धिमानी को शोभा नहीं दे रहा है। उसी प्रकार ब्राह्मणों की विधवा नारियों को गर्भपात आदि जघन्य अपराधी कृत्य नहीं करना चाहिए, उन ब्राह्मण विधवा गर्भधारिनी नारियों को गुप्त रूप से प्रसूत होना चाहिए, इसी के लिए हमने अपने घर में ही इसकी पूरी व्यवस्था की है। और उस काम के लिए हमने अपनी सरकार से किसी भी प्रकार की सहायता नहीं माँगी। उसी प्रकार उस काम में नाममात्र के लिए भी ब्राह्मण सदस्यों से कुछ न लेते हुए, यह कार्य हमने अपने स्वयं के खर्चे से चलाया है।

ज्योतिराव–अपनी सरकार के बारे में कहा जा सकता है कि, जिधर दम उधर हम, इस प्रकार की है। क्योंकि अछूतों को छूने का अधिकर नहीं होने की वजह से स्वाभाविक रूप से ही उनको सभी प्रकार के काम-धन्धे करने के दरवाजे बन्द हो गये हैं और उसी की वजह से उन पर अपने पेट की आग को बुझाने के लिए चोरी डकैती आदि अवैध कामों को करने की नौबत आती है। लेकिन उन्होंने चोरी-डकैती आदि अवैध काम नहीं करने चाहिए इसलिए हमारी सरकार ने उनको नजदीक के पुलिस थाने में जाकर हाजरी लगाने का दस्तूर शुरू किया है, यह बहुत ही अच्छा काम किया है। लेकिन ब्राह्मणों की अनाथ निराधार विधवा स्त्रियों को दूसरा विवाह करने की मनाही होने की वजह से उन ब्राह्मण विधवा स्त्रियों को व्यभिचार करने के लिए मजबूर होना पड़ता है। इसका परिणाम कभी-कभी यह भी होता है कि, उनको गर्भपात और भ्रूणहत्या (बालहत्या) भी करने के लिए मजबूर होना पड़ता है। इन तमाम बातों को हमारी न्यायी सरकार अपनी खुली आँखों से देखती रहती है। फिर भी मातंग-रामोशियों की तरह उन पर निगरानी नहीं रख रही है। यह कितना बड़ा आश्चर्य है। क्या यह अन्याय नहीं है? हमारी सरकार को गर्भपात और भ्रूणहत्या करने वाली ब्राह्मण विधवा स्त्रियों की अपेक्षा चोरी-डकैती करने वाले मातंग महार लोग ज्यादा दोषी दिखायी देते हैं। दूसरी बात यह है कि, ब्राह्मणों की ''काम

कम और बकवास ज्यादा रहती है।'' अरे, जो लोग समझदार होकर अपनी छोटी नासमझ बहन-बेटियों की हजामत करने वाले हज्जाम के हाथ को रोकने के लिए अपना हाथ आगे बढ़ा नहीं सकते, तब वैसे बुजदिल लोगों को ऐसे काम में सदस्य बनाकर के क्या लाभ होगा?

धोंडिराव—तात, कोई बात नहीं। लेकिन आपने पहले कहा था कि, सभी सरकारी शिक्षा विभागों में जो कुछ अव्यवस्था फैली हुई है, उसका क्या मतलब है?

ज्योतिराव—इन सरकारी शिक्षा विभागों में जो हर तरह की अव्यवस्था है उसके बारे में यदि लिखा जाय, तो उसकी एक स्वतन्त्र किताब ही हो जायेगी। इसी डर की वजह से उसमें से एक दो बातें यहाँ उदाहरण स्वरूप ले रहा हूँ। पहली बात यह है कि सरकारी विभागों में शूद्र और अछूतों के बच्चों के स्कूलों के लिए शिक्षक तैयार करने की कोई दिलचस्पी नहीं है, उनको इस काम में पूरी अनास्था है।

धोंडिराव—तात, लेकिन ऐसे कैसे कहा जा सकता है? सरकार ने सभी जाति के बच्चों को पढ़ाने के लिए शिक्षक (पण्डित) प्रशिक्षित करने के लिए एक स्वतन्त्र प्रशिक्षण स्कूल शुरू किया है। सरकार के मन में कोई भेदभाव की भावना नहीं दिखायी देती।

ज्योतिराव—यदि तुम ऐसा कहते हो तब यह बताइये कि आज तक उन प्रशिक्षित शिक्षकों (पण्डितों) ने अछूतों के कितने बच्चों को पढ़ना-लिखना सिखाया है? अब तुम नीचे क्यों देख रहे हो। इसका मुझे जवाब दो।

धोंडिराव—तात, सभी ब्राह्मण-पण्डित लोग ऐसा कहते हैं कि अछूत के बच्चों को स्कूल में दाखिल करते ही, हिन्दुस्तान में बड़ी अव्यवस्था पैदा होगी। बड़ा असन्तोष पैदा होगा। इसलिए सरकार घबराती है।

ज्योतिराव—अरे, लेकिन सरकार अपनी फौज में सभी जाति के लोगों को भर्ती करती हैं। फिर हिन्दुस्तान के लोग क्यों अव्यवस्था पैदा नहीं कर रहे हैं? यह सब सरकार की लापरवाही है, क्योंकि सभी जाति के लोगों को फौज में भर्ती करते समय सरकार उस काम को स्वयं कर लेती है। और शिक्षक (पण्डित) प्रशिक्षित करने का काम फालतू किसी हरामी गोबरगणेश को सौंप देती है। और उसको इस काम की कुछ भी जानकारी नहीं होती। यदि उसको इस काम की कुछ जानकारी होती, तब उसने सब से पहले अछूतों के बच्चों को शिक्षक के रूप में तैयार (प्रशिक्षित) करने के काम में किसी भी प्रकार से आनाकानी न की होती। उसी प्रकार उन स्कूलों में केवल ब्राह्मणों के बच्चों की ही इतनी फालतू भर्ती न की होती।

धोंडिराव—तात, फिर सरकार ने इसके मुकाबले क्या करना चाहिए?

ज्योतिराव—इसका एक ही पर्याय है कि, सरकार ने मेहरबान होकर इस काम को सभी यूरोपियन कलेक्टरों के हाथ में सौंप देना चाहिए। तब ही यह शिक्षा के प्रचार का कार्य सफल होगा, वरना नहीं। क्योंकि इन्हीं लोगों का शूद्र और अछूतों

से निकट का सम्बन्ध होने की वजह से उन्हें ब्राह्मण कर्मचारियों पर किसी भी प्रकार का भरोसा नहीं करना चाहिए। उन्हें हर गाँव-खेड़े में एक-एक बार जाकर वहाँ यह समझाना चाहिए कि कुलकर्णियों की बिना मदद से गाँव के सभी बुजुर्ग-बालबच्चों को पढ़ना-लिखना सिखाने के क्या-क्या लाभ होते हैं। उनके इस तरह से समझाने से गाँव-खेड़े के लोग अपने सभी होशियार बच्चों को पढ़ना-लिखना सिखाने के लिए बहुत ही खुशी से कलेक्टर साहब के हवाले कर देंगे। क्योंकि जिस तरह यूरोपियन कलेक्टरों के कहने से शिक्षा के प्रचार-प्रसार का काम सफल होगा, उस तरह ऐसे नासमझ (ब्राह्मण-पण्डित) कर्मचारियों से न सफल हुआ और न ही होगा, यही हमारी शंका है। इस सम्बन्ध में एक कहावत है कि "जेनो काम तेनो थाय बिजा करे तो गोता खाय।" इससे अब तुम ही सोच लो कि, शूद्र और अछूत जाति के पढ़े-लिखे लोगों की आज कितनी गरज है। क्योंकि जब उस-उस जाति के पढ़े-लिखे लोग पढ़-लिखकर तैयार होंगे, तब उनको अपने-अपने जाति का अभिमान होगा और वे लोग अपने-अपने जाति के बच्चों को पढ़ना-लिखना सिखायेंगे, उनको पढ़ने-लिखने के लिए प्रेरित करेंगे। वे लोग अपनी-अपनी जाति के बच्चों को हाथ में डण्डा लेकर जानवरों को हाँकते हुए उनके पीछे-पीछे जाने से पहले, शिक्षा के प्रति उनके मन में इतना प्रेम पैदा करेंगे कि, जब वे बच्चे बड़े हो जायेंगे तब वे अपने में से एक बच्चे को बारी-बारी से खेत पर जानवरों को सँभालने के लिए रखेंगे। और शेष सभी लड़कों को गाँव के मैदान पर गिल्ली-डण्डा खेलने से रोकेंगे। उनको गाँव में लाकर अपने अध्यापक के पास बैठकर पढ़ना-लिखना सीखने के लिए, सिखाने के लिए कोई कसर बाकी नहीं रखेंगे।

लेकिन ऐसे प्रगत युग में और दुनिया में सबसे प्रगत राष्ट्र अमेरिका के लोगों में आधे से ज्यादा लोगों ने अपने ही वर्ण के अपने देशबन्धुओं के विरोध में तीन साल तक लगातार जंग करने के बाद ही अपने हाथ के गुलामों को छोड़ दिया था। तब ऐसे मूर्ख ब्राह्मण स्कूलों में शूद्रादि अछूतों को सही ज्ञान पढ़ाकर उनको अपनी गुलामी से मुक्त होने की प्रेरणा कैसे दे सकेंगे? अरे, जिस एक ब्राह्मण प्रोफेसर की तनख्वाह में छह शूद्र या नौ अछूत प्रोफेसर कम तनख्वाह में प्राप्त होने की पूरी सम्भावना होने पर भी अपनी सरकार इस काम के लिए ब्राह्मणों के पीछे लगी हुई है। और अपने अज्ञानी भाइयों की कमाई का रुपया-पैसा इस तरह बेहिसाब खर्च कर रही है। इसलिए यदि हमने अपनी सरकार को भरी नींद से जगाया नहीं, तब तो इस अनर्थ का दोष अपने माथे पर लगेगा। इसी प्रकार चौधरियों के हवेलियों के रसोईघरों में अछूतों के कितने बच्चे काम करते हैं, इसके सम्बन्ध में जरा कुछ बताइये।

धोंडिराव–'तात, जहाँ शूद्रों के बच्चों को ही कोई देखने-सँभालने वाला नहीं है, वहीं अछूतों के बच्चों की बात ही दरकिनार।

ज्योतिराव–आखिर ऐसा क्यों? तुम ही सकते हैं कि, सरकार भेदभाव नहीं करती, फिर यह जो कुछ हो रहा है इसकी वजह क्या है?

धोंडिराव–इसका कारण वहाँ सभी ब्राह्मण कर्मचारी होने से ही ऐसा होता है। यह बात आपने मुझे एक दिन प्रत्यक्षरूप से दिखायी थी। वह बात यह थी कि, जो ब्राह्मण व्यक्ति पहले जब आपके पास नौकरी के लिए था, तब वह दो बार अछूतों के स्कूल में आकर किसी भी प्रकार का छुआछूत नहीं मानता था। और स्कूल के सभी छात्रों को अच्छी तरह पढ़ना-लिखना सिखाता था। लेकिन वही ब्राह्मण जब रसोइया बना, तब वह इतना छुआछूत मानता था कि, वह एक गरीब सुनार को चौराहे पर खींचकर लाया था। क्योंकि उस सुनार ने गरमी के दिनों में उस स्कूल के टंकी को स्पर्श किया था और उस टंकी से पानी निकालकर पिया था। और उसने अपनी प्यास बुझायी थी।

ज्योतिराव–अरे, जिन महामूर्ख ब्राह्मणों द्वारा रचे गये गीतों को सभी नये समाजों में गाया जाता है फिर भी उन्होंने अपने मतलबी धर्म के अनुसार पत्थरों के भगवानों को पूजना छोड़ा नहीं है। और वही ब्राह्मण अपने घर की टंकी को शूद्रों ने नहीं छूना चाहिए, इसलिए उस टंकी को अच्छी तरह से ढक कर अन्त में काशी को जाकर वहीं स्थायी होने की बात कर रहा है। लेकिन हमारे निष्पक्ष म्युनिसिपालिटी में ब्राह्मण सदस्यों की सदस्य संख्या सबसे ज्यादा होने की वजह से उन्होंने उस टंकी के इर्दगिर्द के घेरे को वैसे ही कायम रखा। लेकिन उन्होंने बिना सोच विचार किये ही शुक्रवारी के दर्जी की टंकी के घेरे को एकदम गिरा दिया। लेकिन वहाँ के कई ब्राह्मणों ने सिर्फ अपने उपयोग के लिए उस टंकी के ऊपरी भाग में और उससे लगकर एक छोटी-सी चोर टंकी बाँध दी थी और उसका पानी अपने स्नान के लिए, अपने पापों को धोने के लिए मनमानी खर्च करते हैं। ब्राह्मण जाति में जन्म लेकर इस तरह की पाखंडी हरकतें न करें, तब उस जाति की कीमत ही क्या है?

सन्दर्भ

1. गरदन हिलाने वाले नंदी बैल की तरह।
2. पूना शहर की एक बस्ती का नाम।

परिच्छेद : सोलह

ब्रह्मराक्षसों के उत्पीड़न की क्षय

धोंडिराव—तात, आपके साथ जो संवाद हुआ उससे यह सिद्ध होता है कि, सभी ब्राह्मणों ने अपने नकली धर्म के नाम पर अपनी भोली-भाली सरकार की आँखों में धूल झोंकी है और हम सभी शूद्रादि-अछूतों का अमेरिका के (काले) गुलामों से भी ज्यादा शोषण किया है। वे आज भी कर रहे हैं। इसलिए हम सभी लोगों को मिलकर इन ब्राह्मणों के बनावटी धर्म का निषेध करना चाहिए और अपने अनपढ़ भाइयों को भी इस सम्बन्ध में जाग्रत करना चाहिए। आप इस बारे में क्यों नहीं सोच रहे हैं? और इन लोगों में जागृति लाने का कार्य क्यों नहीं कर रहे हैं?

ज्योतिराव—मैंने कल ही शाम को इसके लिए एक पर्चा तैयार कर लिया है। और मैंने अपने ही एक साथी के हाथों में सौंपकर उसको यह कहा कि, उस पर्चे में अपने ह्रस्व-दीर्घ की जो भी गलतियाँ हों, उनको ठीक करके, उसकी एक-एक प्रति तैयार करके सभी ब्राह्मण और ईसाई अखबार वालों के अभिप्राय के लिए भेज दीजिए। उस पर्चे का स्वरूप इस प्रकार है—

शूद्रों ने ब्रह्मराक्षसों की गुलामी से
इस प्रकार मुक्त होना चाहिए।

मूल ब्राह्मणों के (इराणी) पूर्वजों ने इस देश के मूल निवासियों पर हमला किया। उन्होंने यहाँ के हमारे मूल क्षेत्रवासी पूर्वजों को युद्ध में पराजित किया और उनको अपने गुलाम बना लिया। बाद में उनको जिस तरह का मौका प्राप्त होता रहा, उस तरह उन्होंने अपनी सत्ता की मस्ती में कई तरह के मतलबी-नकली धर्म ग्रन्थ लिखवाये। और उन सबका एक मजबूत किला बनाकर उसमें उन सभी पराजितों को वंश परम्परा से बन्दी बनाकर के रख दिया। वहाँ उनको कई तरह की यातनाएँ देकर आज तक वे ब्राह्मण-पण्डित-पुरोहित बड़ी मौज-मस्ती में अपना जीवन गुजार रहे हैं। इसी दरम्यान जब अंग्रेज बहादुरों का राज इस देश में कायम हुआ तब से अधिकांश दयालु यूरोपियन और अमरीकी भले लोगों

को हमारा उत्पीड़न अपनी आँखों से देखा नहीं गया। तब उन्होंने हमारे इस जेलखाने में बार-बार आकर हम लोगों को इस प्रकार का उपदेश दिया कि, ''ओ मेरे भाइयो, आप सभी लोग हमारी तरह ही इन्सान हैं। आपका और हमारा जन्मदाता तथा पालनकर्ता एक ही है। इसलिए आप सभी लोग हमारी तरह ही तमाम मानवी हकों को पाने के लिए समर्थ होने के बावजूद भी, आप लोग इन ब्राह्मणों के नकली वर्चस्व को क्यों मान रहे हैं?'' आदि इस तरह की कई महत्त्वपूर्ण सूचनाओं का अध्ययन करने पर मुझे मेरे स्वाभाविक और सही मानवी अधिकार समझ में आते ही मैंने उस जेलखाने के नकली मुख्य ब्रह्म दरवाजे के किवाड़ों को लात मारा और मैं उस जेलखाले से बाहर निकल चला आया। इस ब्राह्मणी कैदखाने से निकलने के बाद मैंने अपने निर्माता के प्रति अपना आभार व्यक्त किया।

अब मैं उन परोपकारी यूरोपियन उपदेशकों के आँगन में अपना डेरा डालकर कुछ आराम करने से पहले सबसे पहले यह प्रतिज्ञा करता हूँ कि–

"ब्राह्मणों के जिन प्रमुख धर्मग्रन्थों के आधार पर हम (शूद्रादि अति शूद्र) लोग ब्राह्मणों के गुलाम हैं, और उनके अन्य कई ग्रन्थों-शास्त्रों में हमारी गुलामी के समर्थन में लेख लिखे हुए मिलते हैं। उन सभी ग्रन्थों का, धर्मशास्त्रों का और उसका जिन-जिन धर्मशास्त्रों से सम्बन्ध होगा, उन सभी धर्मग्रन्थों का हम निषेध करते हैं। उसी तरह जिन धर्मग्रन्थों के आधार पर (फिर वह किसी भी देश का या धर्म के विचारवान व्यक्ति द्वारा तैयार किया हुआ क्यों न हो) सभी लागों को समान रूप से सभी वस्तुओं का, सभी मानवी अधिकारों का समान रूप से उपभोग की इजाजत हो। और उस तरह के ग्रन्थकर्ता को मैं अपने निर्माता के सम्बन्ध में छोटा भाई समझकर, उस तरह अपना आचरण रखूँगा।

दूसरी बात यह कि, जो लोग अपने एकतरफा सोच के अहंकार से जबरदस्ती किसी को भी नीच समझने लायक आचरण करने लगते हैं, उन दोनों को उस तरह का आचरण करने का मौका देकर मैं अपने निर्माता द्वारा निर्मित पवित्र अधिकारों के नियमों को धब्बा नहीं लगाऊँगा।

तीसरी बात यह कि, जो गुलाम (शूद्र, दास, दस्यु) केवल अपने निर्माता को मानकर नीति के अनुसार साफ-सुथरा उद्योग करने का निंश्चय करके उसके अनुसार अपना आचरण कर रहे हैं, इस बात का मुझे पूरा यकीन होने पर, मैं उनको केवल अपने परिवार के भाई की तरह मानकर उसके साथ प्यार से खाना-पीना करूँगा, फिर वह आदमी, वे लोग किसी भी देश के रहने वाले क्यों न हों।

आगे किसी समय अज्ञान के अन्धकार में सताये हुए मेरे शूद्र भाइयों में से किसी को भी ब्राह्मणों की गुलामी (दासता) से मुक्त होने की इच्छा होने पर, उसने मुझे एक बार भी क्यों न हो कृपया अपना नाम-पता पत्र के द्वारा लिखकर भेजना

चाहिए। जिससे मुझे इस काम में बड़ी ताकत मिलेगी और मैं उसका बहुत ही शुक्रगुजार रहूँगा।"[1]

तारीख **ज्योतिराव गोविन्दराव फुले**

5 दिसम्बर 1872

पूना, जुनागंज न. 527

धोंडिराव—तात, आपने ऊपर जो सूचनापत्र दिया है उसकी सभी धाराएँ बहुत ही पसन्द आ गयी हैं। और मैं उसी के अनुसार अपना आचरण रखूँगा। मैं आज हजारों साल के ब्राह्मणों के बनावटी और दर्दनाक धर्म के जेलखाने से पूरी तरह मुक्त हुआ हूँ। इसीलिए आज मुझे बहुत खुशी हो रही है। मैं सचमुच में आपका कृतज्ञ हुआ हूँ। संक्षेप में आपके हर तरह के विश्लेषण को सुनने के बाद हिन्दू धर्म (ब्राह्मण धर्म) के पाखण्डी, बनावटी स्वरूप के बारे में मेरा यह स्पष्ट मत बन चुका है। लेकिन हम लोग जिस एक परमेश्वर को मानते हैं और सभी ज्ञानी लोग भी मानते हैं, उस परमेश्वर को, जो सभी को देखने वाला और सर्वज्ञ होने पर भी, हम शूद्रादि-अतिशूद्रों की यातनाएँ, हमारा शोषण-उत्पीड़न उसको आज तक क्या सचमुच में दिखायी नहीं दिया होता?

ज्योतिराव—उसके सम्बन्ध में बाद में किसी ऐसे ही मौके पर तुझको खुलासा करके बता दूँगा। जिससे तुझको पूरा विश्वास हो जायेगा और मन का समाधान भी।

इंजिनियरिंग विभाग में ब्राह्मण कर्मचारी किस तरह लूट-खसोट करते हैं इसके सम्बन्ध में

पँवाड़ा

पेशवाई दक्षिणा विलासी इंजिनियर खा जाते।
होलकर बोरिया भर भर कर ले जाते ।। ध्रु।।
भिक्षा माँगते लज्जा न आये घर घर घूमते।
आलसी धर्म की छाया में पनाह पाते।।
बेगारों का धन्धा नीच मानते ये मतलबी।
कितनी खुशामदगिरी करते ये पाखण्डी।।
ब्राह्मणों का कसब लिखने की बाबूगिरी करते।
अनपढ़ कुनबियों को दिन दहाड़े लूटते।।
हाजिरी बहीखाता हाथ में लिए फैल पर जाते।
हाजरी मजदूरों की मौज मजे से लेते।।
बगैर लाँच लिए मजदूरों को देख भगा देते।
उनको फिजूल दोष लगाते।। चाल।।

मिस्त्रियों को धमकियाँ देकर
कान पर फेटा लुंढकाकर।।
स्वांग बेगारी दिखलाकर।।
खड़ा रहता दूर जाकर।।
आँखें सफेद सी बनवाकर।।
कहता दाँतों तले होंठ दबाकर।।
चल जा दूर छोड़कर फैलको।।
ले जाते बगल में मिस्त्री को।।
शुरू कर देते कानों में बातों को।। चाल।।
फिजूल हाजिरी लिख नाम पढ़कर सुनाते।।
रिपोर्ट बार-बार देखते रहते।।
बेगारों का धुस्सालदा आसन पर बैठते।।
होलकर बोरियाँ भर भर कर ले जाते।।1।।
पाण्ड्या दिन बारह सारे माह में भर देता।
शेष अट्ठारह अपनी मुट्ठी में रख देता।
आठ दिन काम नहीं शेष सात दिन साथ में रखता।
बाकी बेहिसाब भरती करता।।
लोग तरे घर के सभी सिर्फ पगार के लिए।
हाथ में चवन्नी मेहनताना उनके लिए।।
सभी औरतें बच्चों को छोड़ छब्बीस दिन रहती।
शेष बाकी गिनती करते।।
राण्या, नाण्या, बच्चे नहीं थे दो दिन तक।।
भर देते अग्रिम सिर्फ पेशगी लायक।।
रोजी बैल दिन दस नहीं महीने में कम।
वही रे उसकी गति।। चाल।।
हम जाति के ब्राह्मण।
जाते लाचार होकर।
रिश्ता धर्म का दिखाकर।
मोहित करते धीरे कहकर।।
नजरें सरकारी छुपाकर
करो हमारा पालन ।। चाल।।
बाँधकर कमर में धोती
नौकरी की क्यों करते चिन्ता।
रोज का नित्य कर्म न टलता।। चाल।।

आठ बजने का समय जान घोड़े पर चढ़ते।
घर का रास्ता पकड़ते।।
लौटते समय बागों पर आक्रमण करते।
होलकर बोरियाँ भर भर कर ले जाते ।।2।।
मिस्त्री के प्रियजनों को खोज निकालते।
उनकी हाजरी भर देते।।
घोड़े के पीछे एक साथी देकर उसे फुसलाते।
भूत पिशाचों की खुशामद करते।।
भोला-भाला मिस्त्री कहते-कहते घमण्डी बन जाते।
अपने अहंकार को और भी जगाते।।
बीच में कभी भोजन दे-दिलाकर वश में कर लेते।
देखो, कैसा मौका खोजते।।
भोजन परोसने स्त्री कहती जलाने को लकड़ी नहीं।
अपने शौहर को छोड़कर आने को कहते।।
सब्जी भाजी का ठिकाना नहीं खेड़े की बस्ती।
नींबू अचारों तक ही रहती ।। चाल।।
परोसते बहुत दूर से।।
मांगल्य में होने का नखरा दिखाते।।
मिठी-मिठी बातों से माया जाल में भूलाते।।
भोजन के मोह में फँसाकर।।
देखो, अपना स्वार्थ साधते कैसे भुलाकर।।
जगह शुद्ध कर लेते हैं बाद में गोबर पोतकर।। चाल।।
दागता हूँ देखकर घाव को।।
छोड़ दो तुम इस नीच कर्म को।।
अंगार लग जाय तुम्हारे इस धर्म को।। चाल।।
संकट देखते धीरे से मिस्त्री मुँह से लगता।
बाकी सभी दूर हट जाते।।
मिस्त्री को प्रेम दिखाकर गला घोंटते।
होलकर बोरियाँ भर भर कर ले जाते।। 3।।
घास के लिए बिन बिगारी घोड़ों की भरती।
बारी-बारी से घोड़ों को खुजलाते।।
गाँव की शूद्र औरतें बर्तन माँजती।
बिगारी लोग बिछाने लगाते।।
पागल जैसे कुनबी देखकर पाँव दबवाते।

और मजे की नींद ले लेते।।
स्वजाति के भिक्षुक ब्राह्मण काम पर ले जाते।
कहकर भिक्षा दिलवाते।।
मिली भिक्षा का बटवारा हुजूर साथियों को देते।
समझदारी बार-बार दिखलाते।।
दफ्तर के बँधे हुए हफ्ते और मिलने भी जाते।
सिपायियों को बीड़ी के लिए बुलाते।। चाल।।
यहाँ पहुँचे गोरे आकर।
कचहरी तम्बू लेकर।।
थक गये शिकार खेलकर।।
कागजों पर दस्तखत कर।।
भट-ब्राह्मणों पर सब कुछ सौंपकर।।
आराम की प्याली पीकर।। चाल।।
शोभा देते खास कोच में।।
आँखें दौड़ाते अखबारों में।
देखें नजर गड़ाते बीच-बीच में ।। चाल।।
बिरागों की मुर्गियाँ आदि चीजों की भरमार।।
और फिर बीच में पैसा खाते भी न शरमाते।।
बुटलेरों के हाथों गोरे जुलाब करवाते।
होलकर बोरियाँ भर भर कर ले जाते।।4।।
फिजूल पैसा माटी में पानी की तरह बहाते।।
कागज-पत्र आँकड़ों में लिखते।।
लूट-खसोट का पैसा याद भोगियों को होती।
हिसाब-किताब में मेल बराबर बिठाते।।
खजाना खाली देख लगान तय करते।
हड्डियाँ कुनबियों की चूसते।।
कर्मवादी नौकर बन गये लखपती।
पाँवोंतले पिसती कुनबियों की छाती।।
टोपवालों को इसका रहस्य समझते ही त्यागपत्र देते।
अपने मकान की मंजिल पर मंजिल चढ़ाते।।
न्यायी कहते अब तुम हमारे भूस्वामी।
दया नहीं शूद्रों के प्रति कितनी है मनमानी।। चाल।।
कहता हूँ मैं अपने अनुभव की बातें।।
सब जाति के लोगों को चुन लो।

दो सब को संख्या के बल से।।
सब का काम अलग-अलग तय कर लो।
होगा सब के सुख का साधन।। चाल।।
मैंने गलती से अवगत कराया।
एक जाति के खतरे से जगाया।।
शूद्रों को मैंने बन्द दरवाजे दिखलाया।। चाल।।
एक जाति के सब मिलकर देश को ठगते।
शेष सारे मुँह ताकते रहते।।
न करो एक जाति की भरती ज्योतिराव कहते।
होलकर बोरियाँ भर भर कर ले जाते।। 5।।

मारवाड़ी (बनिया), ब्राह्मण-पुरोहित आदि लोगों चालाकी के बारे में

।। अभंग ।।

तन लपेटते लंगोटी
घूमते हलके पाछी।।1।।
एक धुस्से के अलावा।
नारियों को कहाँ मिलता बिछौना।।2।।
जानवरों के पीछे दिन-रात में।
बच्चे घूमते रहते बन-बन में ।।3।।
रूखे-सुखे से पेट पालते।
उसी में ही धन्य समझते।।4।।
रहता कपड़े-लत्तों का अभाव।
सो जाते एक दूसरे से लिपटके मनभाव ।।5।।
सरकारी पट्टी नेट।
बाँधते तीन चोटी गाँठ।।6।।
कर्ज रोकड़ लिखने में आनाकानी।
देखो, निर्दय मारवाड़ियों की बेईमानी।।7।।
अज्ञानियों के समझ में न आती।
कुलकर्णियों की लिखी पंक्ति।।8।।
वकिलों की रहती मंहगाई।।
जजों को दया नहीं कोई।।9।।
पाप पुण्य की जहाँ परवाह नहीं।

सिर्फ पैसों के लिए दादा-भाई।।10।।
सब हर दिन मिलते एक जगह ही।
शूद्रों की किसी को कोई परवाह नहीं।।11।।
राजा धर्मशील कहलाते।
अब क्यों पीछे हट जाते।।12।।
पढ़ाओ इन्हें केवल हो अक्षरों की पहचान।
निषेध कर इनका ज्योति कहे जागो मेहरबान।।13।।

ब्राह्मणों के पाखण्डी ग्रन्थों की चालाकी के सम्बन्ध में

।। अभंग ।।

रजाई की गरमाहट में आये अंगडाई।
नींद नहीं आती।। निकम्मे को।1।।
ओस बिन्द से जब लथपथ रहते थे खेत-बन्धवान।
बैलों को चराये। आधी रात को ।।2।।
खाना-पीना नित भरपेट कर्मकाण्डों का ठाट।
सन्ध्या के लिये पाट। मौन सुख ।।3।।
ठीकठाक करते बैलबंडी और हल को।।
टूटी हुई डोरी से।। बाँधते उसको ।।4।।
पाँव में जूतियाँ चमड़े की चुन्नट की धोती।
पगड़ी का बोझ।। उसके मैले कुचैले कपड़े ।।5।।
नंगधड़ंगा वह बम्ब लंगोटी बहादर ।
चिथडियाँ सिर पर ।। धुस्से भी ।।6।।
भोज शुद्ध मिलता घी का परोसा भात पर।
करते चेष्टाचार।। निर-निराले।।7।।
ज्वार की दलिया मट्ठा भरपेट।
सुख नहीं कुछ भी।। हमारे किसानों को।।8।।
टेककर तकिया के सहारे काम लिखने का।
बोल घमण्डी के ।। भैंस जैसे ।।9।।
जूतियाँ बिना पाँव चले हलके पीछे दिनरात।
हाँकते हैं बैलों को ।। गीतों को गाते गाते ।।10।।
थाली पिकदाणी भरी दोपहरी में।
द्विज (ब्राह्मणादि) नींद लेते।। बिछाने में ।।11।।

सिर्फ तम्बाकू चूने में मलकर खाते।
मीठी-मीठी नींद लेते।। कम्बलों में ।।12।।
इन्द्रिय बुद्धि दोनों को समान।
फिर ब्राह्मण क्यों सुखी।। हुआ इतना?।।13।।
सत्ता की मस्ती में उनकी शिक्षा बन्द कर दी।
शूद्रों ने स्वीकार कर लिया।। हमेशा के लिए।।14।।
मनु जल कर खाक हो गया जब अंग्रेजी आयी।
ज्ञान रूपी माँ ने।। हमको दूध पिलायी ।।15।।
अब तो भी तुम पीछे न आओ।
भाइयों, पूरी तरह जला के खाक कर दो।। मनुवाद को ।।16।।
हम शिक्षा पाते ही पायेंगे वह सुख।
पढ़ लो मेरा लेख ।। ज्योति कहे ।।17।।

ब्राह्मणों की चलाखी और शूद्रों के भोलेपन के सम्बन्ध में

।। अभंग ।।

रोने लगते पड़ोसियों से ।। आँसू नहीं आँखें पोंछते ।।1।।
दाम लेते रोने लगते ।। बहुरूपिया स्वाँग रचाते।।2।।
सर्व साक्षी जगतपति ।। उसको न चाहिए मध्यस्थी ।। 3।।
पाखण्डी के सौ नखरे ।। करते पूजा दाम लेते ।। 4।।
अनाड़ियों को बातों में बहकाते ।। पापी जप का स्वाँग रचाते ।।5।।
वकीलों का डर नहीं ।। कर्ता हमारा सर्वन्यायी ।।6।।
भाता सबको है समान ।। नहीं किसी को बेईमान ।। 7।।
मुट्ठी भर ब्राह्मण शूद्रों के घर में।। बहकावे की करते बातें ।।8।।
सुनो! ज्योतिबा का सार ।। डालिये स्वयं (भगवान) पर भार ।।9।।

सन्दर्भ

1. प्रस्तुत पत्र के सम्बन्ध में अखबार वालों के जो-जो अभिप्राय प्राप्त हुए हैं उनकी योग्यता जानने के लिए उनको हम अपने पाठकों के लिए यहाँ दे रहे हैं–

जन कल्याण की कामना से

पूना–शनिवार, ता. 4 जनवरी 1873

हमारे अपने प्रसिद्ध महाज्ञानी, महाचिन्तक और महान संशोधक, दार्शनिक ज्योतिराव गोविन्दराव फुले ने एक बड़े गृहस्थ की सिफारिश पर एक अप्रयोजक इस प्रकार का आत्मस्तुतियुक्त और ब्राह्मणों की बदनामी करने वाला एक पत्र हमारी ओर भेजा है। उनके उस पत्र को हमारे अखबार में स्थान मिलने की कोई सम्भावना नहीं है। इसलिए हम प्रस्तुत पत्र के लेखक फुले से क्षमा चाहते हैं।

शुभवर्तमान दर्शक और चर्च के सम्बन्ध में विभिन्न संग्रह।

कोल्हापुर, ता. 1 फरवरी, सन 1873

पत्र-व्यवहार

पुना के रहिवासी अखबार वाले निम्न परिच्छेद को अपने अखबार में प्रकाशित नहीं कर रहे हैं। इसलिए इस पत्र को हमारी ओर भेजा गया है। यह परिच्छेद चारों ओर प्रसिद्ध करना चाहिए। इस तरह की ज्योतिराव गोविन्दराव फुले की इच्छा होने की वजह से उनके इस परिच्छेद को हम अपने अंक में प्रकाशित कर रहे हैं। यदि हमारे हिन्दू मित्रों को यह परिच्छेद कुछ मात्रा में बदनामी करने वाला लगेगा। फिर भी इसमें जो अभिप्राय व्यक्त हुआ है, वह बहुत ही प्रशंसनीय हैं, ऐसा मुझे लगता है। क्योंकि वास्तव में देखा जाय तो ब्राह्मणों की मान्यता के अनुसार जातिभेद नहीं है, इस बात को 'जो भी व्यक्ति हमारे ध्यान में लाकर देगा, उस व्यक्ति से मैं तुरन्त पत्र के द्वारा सम्पर्क स्थापित करूँगा' इस बात को उन्होंने बड़ी हिम्मत के साथ कहा है। और इस तरह की हिम्मत रखने वाले लोग इस देश में बहुत बड़ी संख्या में होने चाहिए।

परिशिष्ट

महात्मा फुले तथा उनसे सम्बन्धित मौलिक किताबों की सूची

मराठी

1. महात्मा फुले समग्र वाङ्मय–सम्पादक–धनंजय कीर, सं. गं मालशे (प्रथमावृत्ति 1969, सुधारित 1980, सुधारित तृतीयावृत्ति मई 1988), महाराष्ट्र राज्य साहित्य और संस्कृति मण्डल, मुम्बई-32
2. जातिभेद विवेकसार–तुकाराम तात्या पडवळ (महात्मा फुले द्वारा एक सौ साल पहले प्रकाशित) रघुवंशी प्रकाशन, पूना
3. स्त्री-पुरुष तुलना–श्रीमती ताराबाई शिन्दे (महात्मा फुले द्वारा प्रशंसित) रघुवंशी प्रकाशन, पूना
4. महात्मा ज्योतिराव फुले–पंढरीनाथ सीताराम पाटील (चरित्र) प्रथमावृत्ति 1 जुलाई 1927, द्वितीयावृत्ति 1 अगस्त 1989, मनोविकास प्रकाशन, मुम्बई-32
5. महात्मा ज्योतिराव फुले–पंढरीनाथ सीताराम पाटील (संग्राहक–गौतम शिन्दे) प्रथमावृत्ति 1937, द्वितीयावृत्ति 1974, महाराष्ट्र राज्य साहित्य संस्कृति मण्डल, मुम्बई-32
6. महात्मा फुले आणि त्यांची परम्परा–प्रभाकर वैद्य, प्रथमावृत्ति अक्तूबर 1984, लोक वाङमय मुम्बई-32
7. महात्मा फुले आणि स्त्री-मुक्ति आन्दोलन–प्रभाकर वैद्य (एका शतकातील वाटचाल) प्रथमावृत्ति–सितम्बर 1974 द्वितीयावृत्ति जून 1981, लोक वाङ्मय प्रकाशन गृह प्रा. लि., मुम्बई
8. ब्राह्मणेतरांच्या चळवळीचे मूल्यमापन–ह. रा. महाजनी, अगस्त 1979 जनार्दन फडके, क44/402, गाँधीनगर, बान्द्रा (पूर्व), मुम्बई-51
9. महात्मा ज्योतिराव फुले-धनंजक कीर (चरित्र) प्रथमावृत्ति 1968 पॉप्युलर प्रकाशन, मुम्बई
10. महात्मा फुले–व्यक्तित्व आणि विचार–गं. बा. सरदार, प्रथमावृत्ति जून 1982 ग्रन्थाली प्रकाशन, मुम्बई

11. महात्मा फुले गौरव ग्रन्थ–प्रथमावृत्ति जुलाई 1982, महाराष्ट्र शासन, मुम्बई
12. कांतिज्योति सावित्रीबाई जोतिराव फुले–डॉ. मा. गो. माळी, प्रथमावृत्ति 10 मार्च 1980, साबित्रीबाई फुले पुण्यतिथि दिन, आशा प्रकाशन, गारगोटी, जि. कोल्हापुर
13. मार्क्सवाद–फुले–अम्बेडकरवाद–कॉ. शरद पाटील, सुगावा प्रकाशन, पूना
14. आम्ही पाहिलेले फुले–सम्पादक–सीताराम रायकर, प्रथमावृत्ति 1988 (म. फुले समता प्रतिष्ठान प्रकाशन, 73 नाना पेठ, पूना)
15. म. फुले यांचे सामाजिक प्रबोधनाचे प्रयत्न–प्रा. मा. म. देशमुख प्रकाशक, पुणे विद्यापीठ, पूना
16. सावित्रीबाई फुले समग्र वाङ्मय–सम्पादक–डॉ. मा. गो. माळी, महाराष्ट्र राज्य साहित्य और संस्कृति मण्डल, मुम्बई
17. महात्मा फुलेची बदनामी–एक सत्यशोधन–हरि नेरके, सुगावा प्रकाशन, पूना
18. जोतीरावांची समता संकल्पना–डॉ. भा. ल. भोळे, लोकवाङ्मय गृह, प्रा. लि. मुम्बई-25
19. महात्मा फुले आणि शेतकरी चळचळ–डॉ. अशोक चौसाळकर, लोकवाङ्मय गृह, मुंबई-25
20. जोतीबा फुले–स्त्री मुक्तीचा विचार–डॉ. गेल ओम्व्हेट, लोकवाङ्मय गृह, मुम्बई-25
21. महात्मा ज्योतिराव फुले–बसंत देसाई, आवृत्ति 1965, कॉन्टिनेन्टल प्रकाशन, पूना।
22. सत्यशोधक समाजाचा इतिहास–महेश जोशी, प्रथमावृत्ति फरवरी 1987, प्रस्तावना खण्ड (मराठी) महाराष्ट्र राज्य साहित्य और संस्कृति मंडल, मुम्बई
23. लोकराज्य–महात्मा जोतीराव फुले स्मृति शताब्दी विशेषांक, 16-28 फरवरी 1991, महाराष्ट्र शासन
24. पुरोगामी सत्यशोधक–महात्मा फुले समता प्रतिष्ठान का त्रैमासिक मुखपत्र, 73, नानापेठ पूना-30
25. महात्मा फुले–प्रह्लाद केशव अत्रे, 1958, परचुरे प्रकाशन, मुम्बई
26. महात्मा ज्योतिराव फुले–वारसा आणि वसा–भास्कर लक्ष्मण भोळे प्रथमावृत्ति 1990, साकेत प्रकाशन, प्रा.लि., औरंगाबाद
27. महात्मा जोतिबा फुले–जी.डी. माळी, आवृत्ति 1986, जी. वाय. राणे, पूना
28. फुले-आम्बेडकर–शोध आणि बोध–डॉ. भालचन्द्र फडके, आवृत्ति 1986, आनन्द प्रकाशन, औरंगाबाद
29. महात्मा फुले आणि सत्यशोधक चळवळ–डॉ. मा. प. मंगुडकर, आवृत्ति 1965, जोशी-लोखंडे प्रकाशन, पूना

30. महात्मा फुले—सामाजिक क्रान्तिचे अग्रदूत—दत्ता जी. कुलकर्णी, रघुवंशी प्रकाशन, पूना
31. महात्मा फुले—चरित्र आणि कार्य—एकनाथ के. घोरपडे, आवृत्ति 1953, 1966, लेखन विचार भण्डार, पूना
32. सत्य शोधक महात्मा फुले—दिलिप दत्ता, अक्षय साहित्य पूना-30
33. महात्मा ज्योतिबा फुले—ग. द. माळी, गो. य. राणे प्रकाशन, पूना-9
34. महात्मा फुले—एक चिन्तन—प्रा.द.ता. भोसले, प्र. सं.—जनवारी 1970, व्हीनस प्रकाशन, पुना
35. महात्मा फुले—शं. रा. देवळे, प्र.सं. 26 जनवरी 1977
36. आधुनिक महाराष्ट्राचे उद्गाते—प्रा.मो.नि. ठोके, प्र.सं., 27 नवम्बर 1979 पारख प्रकाशन, बेळगाँव
37. महात्मा ज्योति फुले—डॉ. अनिल गोडबोले, प्र.सं. मार्च 1991, उन्मेष प्रकाशन, पूना—9
38. महात्मा फुले जीवन आणि कार्य, प्र.सं मार्च 1990, भारतीय विचार साधना, पूना
39. महात्मा जोतीराव फुले—निर्मळ गुरुजी, प्र.सं. 15 मार्च 1990 श्री विद्या प्रकाशन, पूना-30
40. महात्मा जोतीबा फुले—द.दा. जोशी, प्र. सं. मार्च 1983, सुरेश एजेन्सी, पूना-2

हिन्दी

41. सत्सारा इशारा—ज्योतिराव फुले, प्रथमावृत्ति अक्तूबर 1988, अनु. डॉ. विमलकीर्ति, नाग, अध्ययन मण्डल, अडयार, जि. भण्डारा, महाराष्ट्र,
42. गुलामगिरी—ज्योतिराव फुले, अनु. डी. के. खापर्डे, प्रथमावृत्ति दिसम्बर 1990, बहुजन पब्लिकेशन ट्रस्ट, नयी दिल्ली
43. आधुनिक भारत की सामाजिक-सांस्कृतिक क्रान्ति के प्रणेता, महात्मा ज्योतिराव फुले (चरित्र)—डी. के. खापर्डे, प्रथमावृत्ति 23 अक्तूबर, 1990
44. गुलामगिरी—ज्योतिराव फुले, अनु. डॉ. विमलकीर्ति, प्रथमावृत्ति अगस्त 1991, प्रगतिवादी प्रकाशन, सुभाषनगर, हिंगणारोड, नागपुर 22 प्रकाशन, महाराष्ट्र
45. महात्मा जोतिबा फुले रचनावली—अनु. डॉ. विमलकीर्ति, राधाकृष्ण, नयी दिल्ली
46. जोतिपर्व, डॉ. नागनाथ कोतापल्ले, किताबघर प्रकाशन, नयी दिल्ली।

47. जोतिबा फुले : महान समाज सुधारक, डॉ. विमलकीर्ति, वाणी प्रकाशन, नयी दिल्ली।
48. सचित्र फुले जीवनी, डॉ. विमलकीर्ति, सम्यक प्रकाशन, नयी दिल्ली
49. ज्योतिबा फुले संचयन, रामजी यादय, भा.पु.प., नयी दिल्ली

अंग्रेजी

50. Cultural Revolt in a Calonial Society—The Non-Brahmin movement in Western India —1873 to 1930, Gail Omvedt first Edition-January-1976, Scientific Socialist Education Trust, Bombay
51. Mahatma Jotirao Phooley: Father of our social Revolution, Dhananjay Keer, First Edition-1964, Popular Prakashan, Bombay
52. Marxism and Pouley- Ambedkar-ism, by Sharad Patil, S.M. Prakashan, Dhulia
53. Phule's Strategy of Social Revolution , J.R. Shinde, Unpublished Paper Presented at Seminar on Social Reform moements and Politics of South India (S.R.M.P.S.I.) Department of Political Science, Shivaji University, Kolhapur, March 1985
54. Caste Conflict of Ideology: Mahatma Jotirao Phuley and Low Caste Protest in ninteenth Century Western India (1985), O. Hanlon Rosalind, Cambridge University Press, Cambridge
55. Dynamics of Cultural Revolution ninteenth Century Maharashtra, J.R. Shinde, Ajanta, Delhi
56. Social Reformers of Maharashtra, Dr. Y.S. Phadke (November, 1985), Maharashtra Information Centre, Government of Maharashtra

प्राक्कथन

"जिस दिन किसी व्यक्ति को दास बना लिया जाता है, उसी दिन से उसके आधे सद्गुण गायब हो जाते हैं।" **–होमर**

शासन तन्त्र की जो व्यवस्था भारत में लागू है, वह जनता के चरित्र उत्थान की दृष्टि से नहीं बनायी गयी है। वर्तमान शिक्षा-व्यवस्था ने कुछ व्यक्तियों को मात्र अधिक शिक्षित करने के अलावा कुछ नहीं किया है जबकि बहुसंख्य वैसे ही अनभिज्ञ बने हैं और उनकी निर्भरता कुछ शिक्षित व्यक्तियों की दया पर है। असल में, यह ब्राह्मण प्रभुत्व वाली अनैतिक नीति का ही विस्तार है जिसके स्वरूप भारतीय सभ्यता का विकास अवरुद्ध रहा। कोई अन्य कारण इसके लिए जिम्मेदार नहीं है।

–कर्नल जी.जे. हैले, *'ऑन फिशुरिज़ इन इण्डिया'*

ब्राह्मणों को विचित्र साधन उपलब्ध कराये युग बीत गये। इन ब्राह्मणों को उपकारी की श्रेणी में शामिल करने में संवेदनशील विद्वान भी संकोच करेंगे। ये ब्राह्मण हजारों वर्ष पुरानी विद्या के विशाल भण्डार पर दम्भ करते हैं। इन्होंने ढेर सारी सम्पदा अर्जित कर ली है। उन्हें असीम अधिकार प्राप्त हैं। परन्तु इन सबका क्या लाभ? उन्होंने अत्यधिक नीच अन्धविश्वासों को पनपाया है। अपने लिए आमोद-प्रमोद तथा सम्पत्ति संग्रह के भरपूर अवसर प्राप्त किये–अपनी शक्ति और संयोग के सहारे। संसार में एक सर्वविदित विरोधात्मक व्यवस्था को कायम रखा। उनकी इस दुरुपयोगी शक्ति के क्षीण होने पर ही हम राष्ट्रीय पुनर्जीवन की महान उपलब्धि की आशा कर सकते हैं।

–मीड के 'सिपॉय रिवोल्ट' से

निस्सन्देह अधुनातन शोधों से पता चलता है कि ब्राह्मण (पुरोहित) इस देश के मूल निवासी नहीं थे–प्राचीन इतिहास के किसी सुदूर क्षण में, शायद 3000 वर्ष पूर्व–ब्राह्मण जाति के पूर्वज–आर्य सिन्धु (नदी), हिन्दूकुश या उसके आसपास के क्षेत्रों से भारत की धरती पर आ बसे। नृजाति विज्ञानी डॉ. प्रिटचर्ड के अनुसार ये भारोपीय जाति की प्रशाखा थे। इन्हीं से ईरानी, मेड और एशिया के अन्य देशों के ईरानी और यूरोप के प्रमुख देशों के वंशज आये। ये सभी एक ही स्रोत से आये हैं। थ्रुष्टी (पारसी), फारसी और संस्कृत में भाषायी समानता है। इसी तरह यूरोप की

विभिन्न भाषाओं में (भाषागत) समानता है। इससे निस्संकोच प्रमाणित होता है कि इन सबका (आदि) क्षेत्र एक ही रहा होगा। यह लगभग निश्चित है कि इस जाति का मूल निवास शुष्क, रेगिस्तानी और पर्वतीय क्षेत्र रहा होगा और (कालान्तर में) अपनी बसावट बनाकर पूर्व और पश्चिम के क्षेत्रों में फैल गये। भारत की उपजाऊ भूमि, यहाँ की भरपूर फसल, यहाँ के लोगों के पास की सम्पदा और अनेक अन्य लाभों के कारण आर्य यहाँ अधिशासक (विजेता) के रूप में आये न कि सामान्य बाशिन्दों के रूप में। इस क्षेत्र की उपर्युक्त विशेषताओं के कारण हाल के समय में पश्चिमी देशों ने भी यहाँ आधिपत्य जमाया। यह ब्राह्मण जाति अपनी आत्मश्लाघा के साथ-साथ अपनी चतुराई, धृष्टा और हठधर्मिता के लिए भी जानी जाती है। इस प्रकार की आत्मश्लाघा और अभिमान भरी उपाधियों जैसे 'आर्य' 'भूदेव' आदि से अपनी पहचान बनायी। इन बातों से हमारे इस विश्वास को बल मिलता है कि उन्होंने (ब्राह्मणों ने) अपने इन लक्षणों को आज तक सँजोये रखा है बिना किसी शुभकार्य के बदले। इन घुसपैठी आर्यों ने यहाँ के परिश्रमी और वीरमूल निवासियों को अपने अधीन कर लिया और फिर इन्हें इनके मूल निवास स्थान से निकाल दिया (निष्कासित कर दिया)। ब्राह्मणों ने इन मूल निवासियों को शूद्र (शुद्र), महारी (बड़े शत्रु), अन्त्यज या चाण्डाल आदि से अभिहित किया। इससे यह बात तो प्रमाणित होती है कि इन मूल निवासियों के आगमन ने आर्यों को रोकने के लिए भरसक प्रयत्न किया होगा और इसी कारण आर्य इन्हें इतनी नफरत से देखते हैं। कालान्तर से प्रचलित और ब्राह्मणों के धर्म ग्रन्थों में वर्णित पौराणिक कथानकों में उल्लिखित रीति-रिवाज़ों से यह स्पष्ट होता है कि इन दो जातियों में उत्तराधिकार को लेकर गहरा संघर्ष हुआ होगा।* देव और दानव (राक्षस) के बीच युद्धों की जो गाथा

* उक्त विचारों का अत्यन्त उल्लेखनीय और जोरदार महिमामंडन वैसे धार्मिक अनुष्ठानों में मिलता है जिन्हें उन भव्य उत्सवों पर लक्षित किया गया जिनमें राजा बली का सन्दर्भ आता है—एक ऐसा महान राजा, जिसने कभी शूद्रों का अपार स्नेह पाया और उनका हृदय सम्राट भी बना लेकिन ब्राह्मण शासकों ने उसे विस्थापित कर दिया। दशहरे के दिन, जब कोई शूद्र शमी के वृक्ष की पूजा करके और उसके पत्तों (जो उन दिनों स्वर्ण के तुल्य समझे जाते थे) के वितरण के बाद लौट रहा होता तो मित्रों, सगे-सम्बन्धियों और जान-पहचान वालों के बीच, उसकी पत्नी और बहनें घर पर उसका स्वागत करते हुए बधाई देतीं, 'अला बला जावें और बली का राज आवे' यानी "अब सभी दुःख-कष्ट दूर हों और राजा बली का राज आये।" वहीं ब्राह्मणों की पत्नी और बहनें उस दिन अपने घर के अगले हिस्से में बली की एक मूर्ति रखतीं जो प्रायः गेहूँ या दूसरे आटे से बनी होती। जब ब्राह्मण शमी के पेड़ की पूजा करके लौटता तो उसके डंठल भी साथ लेता आता जिससे वह मूर्ति के पेट पर प्रहार करता और तब घर में प्रवेश करता। शूद्रों और ब्राह्मणों के धार्मिक रीति-रिवाजों और व्यवहारों के बीच अक्सर ऐसे प्रतिवाद पाए जाते हैं जिनकी और भी कई मिसालें दी जा सकती हैं और जिनकी व्याख्या किसी अनुमान पर नहीं बल्कि उन तर्कों पर की जा सकती है जिन्हें मैंने इन पृष्ठों में स्पष्ट और पुष्ट करने का प्रयास किया है।

ब्राह्मणों के अनेकानेक पवित्र ग्रन्थों में बिखरी पड़ी है, इस बात को प्रमाणित करती है कि दोनों के बीच काफी संघर्ष रहा। इस धरती के ईश्वर, इन ब्राह्मणों का यहाँ के मूल निवासियों से संघर्ष रहा और अपनी धरती की रक्षा करने के कारण ये मूल निवासी 'राक्षस' कहलाये। इन अविश्वसनीय और मूर्खतापूर्ण पौराणिक गाथाओं में यहाँ के मूल निवासियों की शरीर-रचना को लेकर जो कुछ कहा गया है, वह मात्र अवास्तविक और काल्पनिक है, अन्यथा ये मूल निवासी पुष्ट शरीर वाले और श्रेष्ठ योग्यता, उपलब्धि और प्रतिष्ठा रखने वाले थे। ब्रह्मा, परशुराम या अन्यों के नेतृत्व में इन ब्राह्मणों ने यहाँ के मूल निवासियों के साथ लम्बी लड़ाई लड़ी। अन्ततः ब्राह्मण जाति ने अपनी श्रेष्ठता स्थापित की और यहाँ के मूल निवासियों को अपने अधीन करने में सफलता पायी और यहाँ पूर्ण नियन्त्रण स्थापित कर लिया। इस प्रकार की लड़ाइयों का वर्णन ब्राह्मणों की पुस्तकों में मिलता है, जो अनेक अविश्वसनीय गल्पों से भरी पड़ी है। इन मूल निवासियों को अन्य स्थानों पर जाकर बसना पड़ा था। कई बार इनकी बड़ी आबादी को बेदखल होना पड़ा। अमरीका में, यूरोप से आकर बसने वालों ने वहाँ के मूल निवासियों पर जो क्रूरता बरसाई उसके समकक्ष का उदाहरण भारत में आर्यों के आगमन के साथ यहाँ के मूल निवासियों को अधीन बनाने की प्रक्रिया में देखा जा सकता है। जो अमानवीय व्यवहार और क्रूरता परशुराम ने यहाँ के मूल निवासी क्षत्रियों पर ढहायी—और जिनका उल्लेख कथाओं और गल्पों में मिलता है—उसके दसवें हिस्से पर भी यदि विश्वास किया जाये तो परशुराम ईश्वर न होकर मात्र एक अति निर्मम व्यक्ति था। पूरे इतिहास के फलक पर परशुराम से अधिक स्वार्थी, क्रूर और अभिशप्त अमानवीय व्यक्ति नहीं मिलेगा। नीरो, एलारिक या मैक्यावेली के कृत्य परशुराम की क्रूरता के सामने कुछ भी नहीं हैं। इस धरती पर अपने सहधर्मी लोगों को श्रेष्ठता और अधिकार स्थापित करने के लिए परशुराम ने यहाँ के अनगिनत लोगों और निरीह, असहाय बच्चों पर जो कत्लेआम किया, उस कारण पीढ़ी दर पीढ़ी उसके नाम से घृणा की जानी चाहिए न कि उसको देवदूत माना जाये।

संक्षेप में, यह भारत में ब्राह्मणों के आधिपत्य का इतिहास है। पहले पहल वे गंगा के किनारों पर बसे और फिर धीरे-धीरे पूरे भारत में फैल गये। लोगों पर अपना प्रभाव और अधिकार बनाये रखने के लिए उन्होंने विचित्र और अनोखे पौराणिक विश्वास, वर्ण-व्यवस्था और क्रूर तथा अमानवीय नियमों का सहारा लिया। इस प्रकार के नियम, विश्वास या व्यवस्थाएँ, उस समय दूसरे देशों में नहीं थीं। उन्होंने अपना आधिपत्य बनाये रखने के लिए पुरोहिती शुरू की जो व्यवहार में इतनी निर्लज्ज थी कि ऐसी व्यवस्था हमें इंग्लैण्ड के प्राचीन केल्ट जाति के पौरोहित्य व्यवस्था से लेकर अब तक कहीं अन्यत्र नहीं। उनके नियमों में वर्ण व्यवस्था प्रधान थी, हालाँकि शुरू में वर्ण व्यवस्था उनके नियमों में शामिल न थी। ऐसी व्यवस्था तो उनकी कुटिल

चालों के अन्तर्गत बाद में जोड़ी गयी जैसा कि स्वयं उनके अभिलेखों से ज्ञात होता है। सर्वाधिक अधिकार, सर्वश्रेष्ठ सुविधाएँ और सर्वश्रेष्ठ उपहार और वह सब कुछ जो किसी ब्राह्मण के जीवन को सरल बाधा रहित और खुशहाल बनाये रखने या जो उनके अभियान को सन्तुष्टि दे, ऐसा सब कुछ बार-बार दोहराते हुए आदेशित किया जाता, जबकि शूद्र या अतिशूद्र को गहरी नफरत और अपमान का सामना करना पड़ता था। यहाँ तक कि मानवीयता के बहुत साधारण या आधारभूत अधिकारों से भी उन्हें वंचित रखा गया। उनके स्पर्श, इतना ही नहीं, उनकी परछाईं को भी अपवित्र करने वाला माना गया। उन्हें मात्र गुलाम समझा गया और उनका जीवन एक तुच्छ सर्प से भी अधिक गया-गुज़रा, निकृष्ट और मूल्यहीन आँका गया। यह निर्देशित किया गया कि यदि कोई ब्राह्मण किसी बिल्ली, किसी घुड़सवार, किसी चिड़िया, किसी मेढ़क, कुत्ते, छिपकली, उल्लू, कौवे या किसी शूद्र की हत्या करता है तो 'चांद्रायण प्रायश्चित्त' से वह उन अपराधों के पाप से मुक्ति पा सकता है। 'चांद्रायण प्रायश्चित्त' में कुछ घण्टों या पूरे दिन का उपवास करना होता है और यह कोई बहुत कठिन व्रत नहीं है। परन्तु किसी शूद्र द्वारा किसी ब्राह्मण की हत्या को सबसे अधिक जघन्य अपराध माना गया और इसके लिए (सजा के तौर पर) एक मात्र मृत्यु दण्ड का विधान रखा गया। यह सन्तोष की बात है कि हमारे प्रबुद्ध ब्रिटिश शासकों ने आजकल के शूद्रों के लिए ब्राह्मण नीतिकारों द्वारा बनाये गये अमानवीय, गलत और बेतुके आदेशों और कानूनों को मान्यता नहीं दी है। ब्रिटिश शासकों की नज़र में ऐसे कानून न्याय संगत न होकर मूर्खतापूर्ण थे। कोई साधारण समझ का व्यक्ति भी इन कानूनों को ऐसा ही समझेगा। जरा ध्यान से देखने पर ऐसे आदेश और नियम जो 'मानव धर्म शास्त्र' या इसी प्रकार के अन्य ग्रन्थों में वर्णित हैं बनाने वालों की धूर्तता को इंगित करेंगे। यहाँ यह अप्रासंगिक नहीं होगा कि ब्राह्मणों की श्रेष्ठता और उत्कृष्टता दर्शाने के लिए कुछ और उदाहरणों का सहारा लिया जाये, कुछ ऐसे नियमों का, जिन्हें दैवी आपदा का भय दिखलाकर लागू किया जाता रहा।

ब्राह्मण वर्ग को इस ब्रह्मण्ड का स्वामी माना गया यहाँ तक कि उसे ईश्वर के समकक्ष माना गया। सभी के द्वारा उनकी आराधना की जानी चाहिए, उनकी सेवा की जानी चाहिए और उन्हें सम्मान दिया जाना चाहिए। ब्राह्मण कोई गलती (अन्याय) नहीं कर सकता।

कोई भी राजा किसी ब्राह्मण का वध नहीं कर सकता चाहे उसने कोई भी गम्भीर अपराध क्यों न किया हो।

किसी ब्राह्मण की रक्षा के लिए किसी भी झूठ का सहारा लिया जा सकता है। इसमें कोई पाप नहीं है।

किसी ब्राह्मण की कोई भी वस्तु पर अन्य कोई अपना अधिकार नहीं जता सकता।

यदि किसी राजा का कोष खाली भी हो जाये तो भी वह ब्राह्मण से कर नहीं

वसूल सकता, न ही उसे भूखा रख सकता है अन्यथा पूरे राज्य में भुखमरी फैल जायेगी।

ब्राह्मण के पैर पवित्र हैं। उसके बायें पैर में सारे तीर्थ बसते हैं और जल में डुबोने से वह जल तीर्थ जैसा पवित्र हो जाता है।

कोई ब्राह्मण किसी दास वर्ग के व्यक्ति को सेवा करने को बाध्य कर सकता है क्योंकि ईश्वर ने दासों को ब्राह्मणों की दासता/सेवा करने के लिए ही बनाया है।

यदि कोई शूद्र अपने स्वामी द्वारा मुक्त किया जा चुका हो तो भी दासता से उसका उद्धार नहीं हो सकता क्योंकि उसकी मूल स्थिति को कोई नहीं बदल सकता।

कोई ब्राह्मण किसी शूद्र को सांसारिक बातों के लिए परामर्श नहीं दे सकता, न ही उसे आध्यात्मिक उपदेश दे सकता है।

कोई शूद्र अथाह धनसम्पत्ति का भण्डारण नहीं कर सकता। यदि वह इसके लिए समर्थ हो तो भी नहीं क्योंकि दास यदि धनी हो जाता है तो वह घमण्डी बन जाता है और असावधानीवश भी वह किसी ब्राह्मण को दुःख या पीड़ा पहुँचा सकता है।

यदि कोई शूद्र किसी कुलटा ब्राह्मणी के साथ गृहस्थी बसाता है तो उसे मृत्यु के घाट उतार देना चाहिए। परन्तु यदि कोई ब्राह्मण किसी शूद्र की विधिविधान से विवाहित पत्नी के पास जाता है तो वह ब्राह्मण सारे दण्ड से मुक्त माना जायेगा।

इस प्रकार के अन्तहीन (असंख्य) उदाहरणों को दोहराने से कोई लाभ न होगा। ऐसे सैकड़ों प्रावधान और इनसे भी ज्यादा निकृष्ट नियम उनके ग्रन्थों में भरे पड़े हैं। परन्तु ऐसे अमानवीय और क्रूर नियमों को बतलाने के पीछे क्या उद्देश्य या कारण रहा होगा? मुझे विश्वास है कि ऐसे कारण सभी को ज्ञात (सुस्पष्ट) हैं, कोई पागल, अन्धा या दम्भी ही इनके कारणों को न जानने का नाटक कर सकता है। इस प्रकार के झूठ का सहारा ले कर सदा सदा के लिए अनजान व्यक्ति के मन-मस्तिष्क को धोखे में रखना इसका मुख्य कारण (उद्देश्य) हो सकता है। यह ब्राह्मणों के स्वार्थ और कपटता की वजह से ही है कि ऐसे नियमों की कठोरता शूद्रों को प्रभावित करती है।

शूद्रों को प्रभावित करने वाले ऐसे नियमों के सम्बन्ध में यही स्पष्टीकरण दिया जा सकता है कि ये नियम ब्राह्मणों की शूद्रों के प्रति गहरी घृणा का परिणाम हैं और दोनों पक्षों के बीच की पुश्तैनी तनातनी (दुश्मनी) तब से शुरू होती है जब ब्राह्मण यहाँ आकर बसने लगे जैसा कि ऊपर कहा जा चुका है। यह आश्चर्य की बात है कि इन अनाहूत आगन्तुकों ने इस भूमि के मूल निवासियों को अपने शिकंजे में कसने

के लिए किस प्रकार की वृहत् कल्पनाओं को रचा और अपनी सहज तत्परता से उनको भरोसे में लेकर युगों-युगों तक उन पर अपना आधिपत्य जमाये रखा। भारत में ब्राह्मणों के आधिपत्य के सम्पूर्ण इतिहास और उनके द्वारा आज तक लोगों को अपने पराधीन बनाये रखने की (कुटिल) चाल पर जो भी विचार करेगा, वह इस पर सहमत होगा कि ब्राह्मणों के द्वारा आज तक चलायी जा रही ऐसी हृदयहीन, स्वार्थपूर्ण और चतुराई से भरी निरकुंश और अत्याचारी नियमावली को वर्णित करने के लिए कोई भी भाषा कठोर नहीं कहलायेगी। जो स्थिति से परिचित हैं, वे भली-भाँति जानते हैं कि शूद्रों और अतिशूद्रों के मन-मस्तिष्क को गुलाम बनाये रखने के लिए ब्राह्मण किस सीमा तक सफल हो सके हैं। शताब्दियों तक शूद्रों और अतिशूद्रों ने बन्धन और दासता को झेला है। मनु या उस जैसे अन्यों के स्वार्थी उद्देश्य से प्रेरित अनेक बेनाम लेखकों ने प्रारम्भिक नियमों और आदेशों में अपनी कल्पना की उड़ान से और ऐसी बातें जोड़ दीं जिन्हें अनजान लोगों को ईश्वरीय फरमान या दैवी प्रेरणा बतलाया गया। उस दैवी शक्ति के नाम पर सर्वाधिक अनैतिक, अमानवीय, अनुचित कार्यव्यवहार थोप दिये गये जिसे हमारा जनक, संचालक और संरक्षक बतलाया गया है और जिसे पवित्रतम घोषित किया गया। इस प्रकार का धर्म निन्दक लेखन स्वयमेव उनके द्वारा सृजित है जो दूसरों के मामले में टाँग अड़ाने वाले रुग्ण मस्तिष्क वाले लोग हैं। ऐसे नियमों को ईश्वरीय सत्य के रूप में दर्शाया गया और इन पर किसी प्रकार की शंका को अक्षम्य अपराध घोषित किया गया। गुलामी की यह प्रथा, जिसमें कितने ब्राह्मणों द्वारा शूद्रों को निकृष्टतम बना दिया गया, उस प्रथा से ज्यादा अलग नहीं जो अमरीका में कुछ वर्षों पहले तक प्रचलित थी। ब्राह्मण के गहरे प्रभुत्व के दिनों से चली आ रही यह व्यवस्था पेशवाई समय से चलती रही है। अमरीका के गुलामों की तुलना में (भारत में) शूद्रों को ज़्यादा कठिनाई और शोषण का शिकार होना पड़ा है। पिछली कई शताब्दियों से भारत जिस सड़ाँध और बुराइयों से कराह रहा है उसका कारण यही स्वार्थी अन्धविश्वास और हठधर्मिता है। वास्तव में इस प्रकार के स्वार्थी और अत्याचारपूर्ण नियमों से यहाँ के आदिवासियों को कोई एक लाभ भी मिला हो, ऐसा गिनाना मुश्किल है। भारत के ये शूद्र और अतिशूद्र मानो दुधारू गाय हों जिन्हें एक हाथ से दूसरे हाथ में सौंपा जाता रहा। आदिवासियों के पसीने से इन उत्तराधिकारियों ने उत्तरोत्तर न केवल अपने वर्ग को सम्पन्न किया, शोषित की दशा के कल्याण के बारे में किंचित भी नहीं सोचा। उनके लिए इतना ही पर्याप्त था कि वे अपने शिकंजों में इन शूद्रों और अतिशूद्रों को बाँधे रख सकें ताकि उन्हें अधिकाधिक चूसा और निचोड़ा जा सके। किसी भी छोटे या बड़े कार्य क्षेत्र में ब्राह्मणों ने अपने को ऐसा फैलाया कि कोई शूद्र बिना किसी ब्राह्मण की सहायता के कोई भी घरेलू या सार्वजनिक कार्य सम्पन्न न कर सके।

यह बात आज भी उतनी ही सही है। ब्राह्मणों की दासता से शूद्रों ने ऐसा

समझौता कर लिया है कि वह अपने उद्धारक के विरोध में भी खड़ा दिखायी पड़ेगा। कुछ ऐसा ही दृश्य अमरीकी गुलामों को देखकर प्रगट होता है। धर्म के नाम पर ब्राह्मण शूद्र के किसी भी छोटे-बड़े काम में हस्तक्षेप करता है। घर, खेत-खलिहान या कोर्ट कचहरी वह कहीं भी जाये, ब्राह्मण वहाँ मौजूद होगा और किसी न किसी बड़े बहाने से वह अपनी धूर्ततापूर्ण बुद्धि से उस शूद्र का जितना हो सके, शोषण करेगा। ब्राह्मण न केवल शूद्र को पुरोहित होने के कारण अपितु अनेक अन्य कारणों से, उसे जितना हो सके लूटेगा। उच्च शिक्षा के कारण और अपनी कुटिल चालों से उसने सभी ऐसे पद प्राप्त कर लिए हैं जिनमें अच्छा वेतन/भत्ता मिलता है। ध्यान से पढ़ने पर पाठकों को ऐसे अनेक उदाहरण इस पुस्तक में मिल जायेंगे। किसी छोटे से गाँव में या किसी सबसे बड़े शहर में ब्राह्मण वर्ग सर्वेसर्वा है। वह भारतीय किसान रैयत का शुरू से लेकर आखिर तक सब कुछ है। वही मालिक है, वही शासक है। किसी गाँव का मुखिया या पटेल तो वास्तव में कुछ भी नहीं है। गाँव का लेखाकार (मुनीम) जो पैतृक झगड़ालू ब्राह्मण कुलकर्णी होता है। गाँव के पटेल को अपनी इच्छानुसार घुमा-फिरा सकता है। वह किसानों की सांसारिक और आध्यात्मिक बातों में सलाहकार है। विभिन्न पक्षकारों के बीच वही मध्यस्थ की भूमिका अपनाता है। ज्यादातर वह सोची समझी शरारत से विभिन्न पक्षों को अलग-अलग सलाह देता है ताकि वह अपना स्वार्थ पूरा कर सके। यदि हम इससे ऊँचे अधिकारी को देखें, जैसे मामलुतदार की कचहरी को तो भी यही स्थिति पाते हैं। मामलुतदार की पहली चिन्ता यह होती है कि अपने अधीन विभिन्न पदों को वह अपने रिश्तेदारों से भर दे और यदि रिश्तेदार न मिलें तो अपनी जाति वालों से। फिर ये (नव नियुक्त लोग) झगड़ों को बढ़ावा देते हैं और ऐसी अदालतों के चारों ओर फैला भ्रष्टाचार भी इन्हीं के कारण प्रचारित होता है। यदि कोई शूद्र या अतिशूद्र किसी मामले में इनकी अदालत में आता है तो उसके साथ ऐसा ही दुर्व्यवहार किया जाता है मानो जैसा किसी क्षुद्र साँप के साथ। उसके केस की तर्कोचित सुनवाई की जगह उसे अपशब्द सुनने पड़ते हैं और उसका केस रद्द कर दिया जाता है। परन्तु यदि उसी प्रकार के किसी केस में उसकी जाति का कोई पक्षकार होता है तो उसके साथ सदाशयता बरती जाती है और बिना देरी किये उसे न्याय दिलाया जाता है। यदि हम जिलाधिकारी या राजस्व मण्डलायुक्त की कोर्ट में जायें या फिर अन्य किसी सार्वजनिक सेवा से सम्बन्धित सरकारी विभाग में तो वहाँ भी कमोबेश शूद्र या अतिशूद्र के साथ ऐसा ही बर्ताव किया जाता मिलेगा।

यूरोपीय उच्चाधिकारी आमतौर पर ब्राह्मण नजरिये से यहाँ के लोगों और चीजों को आँकने के आदी हैं। और इसी कारण वे लोगों और चीजों के प्रति सही दृष्टिकोण न अपना पाये। मैंने अपने पाठकों के लिए उपसंहार में यह स्पष्ट करने की कोशिश की है कि इन ब्राह्मणों ने विभिन्न विभागों में कार्य सिद्धि के लिए किस

प्रकार के अनुचित और अनैतिक साधन अपनाये। जो भी इन सरकारी कार्यालयों की कार्यप्रणाली से और वहाँ अपनायी जाने वाली गोपनीय हरकतों से परिचित हैं, वे सहमत होंगे कि मेरे इन निर्धन, निरक्षर और अनजान शूद्र भाइयों से जो भेद-भाव बरता जाता है, जिसका वर्णन मैंने आगे के पृष्ठों में किया है, वह पूरी सच्चाई का एक सौवाँ हिस्सा भी नहीं है। हालाँकि पुराने पेशवाई ब्राह्मण हू-ब-हू आज के समय के ब्राह्मणों जैसे नहीं हैं, फिर भी आज के अन्धविश्वासी और कट्टरपन्थी ब्राह्मण पर पश्चिमी सभ्यता और आधुनिक विचार शैली के प्रभाव के बावजूद अपनी लम्बी समय से चली आ रही श्रेष्ठता की भावना और बेईमानी के तरीकों से परहेज नहीं कर पाये हैं। इन ब्राह्मणों के पूर्वजों ने कभी बहुत सुरुचि से 'सोमरस' चखा होगा। परन्तु आज तो ये इससे ज़्यादा नशीले पदार्थों—गोमांस, भेड़-बकरी का मांस (मटन) और दूसरे मादक पदार्थों के सेवन के आदी हो चुके हैं।

कुछ सीमा तक 'ओंथेलो' की भाँति आज के ब्राह्मण यह जान गये हैं कि उनका समय बीत चुका है। परन्तु वास्तविकता से परिचय के बाद भी क्या ये ब्राह्मण विगत के अपने स्वार्थी व्यवहार के लिए प्रायश्चित्त करने को तैयार हैं? परन्तु आज का दिन ऐसा होता जैसा होना चाहिए तो विगत में हुई दुर्दशा पर आँसू बहाने से कोई फायदा न था। हम सभी इस बात से भलीभाँति परिचित हैं कि ब्राह्मण अपनी श्रेष्ठता की भावना का त्याग और इन शूद्र भाइयों को बराबरी का दर्जा नहीं देंगे, जब तक कि संघर्ष न किया जाये। आज के पढ़े-लिखे ब्राह्मण यद्यपि सही औकात जानते हैं फिर भी वे अपने पूर्वजों की गलतियों को नहीं स्वीकारेंगे और स्वेच्छा से अपनी श्रेष्ठता की भावना का त्याग नहीं करेंगे। कर्त्तव्य जिसकी अपेक्षा करता है, वैसा साहस (शायद) एक भी ब्राह्मण में आज नहीं है। जब तक शूद्रों के प्रति उपेक्षा और अविश्वास का भाव रहेगा तब तक शूद्रों की दशा में कोई परिवर्तन नहीं होने जा रहा है और भारत कभी समृद्ध और श्रेद्वठता की ऊँचाई छू नहीं पायेगा।

शूद्रों की दशा को इस स्थिति तक लाने में शायद शासन भी अंशतः जिम्मेदार है। उच्च शिक्षा के लिए अनेक सुविधाएँ और प्रचुर राशि के बावजूद भी यह स्वीकारना होगा कि स्थिति वैसी नहीं है जैसी होनी चाहिए। यह तो सभी जानते हैं कि भारत सरकार के राजस्व का बड़ा हिस्सा किसानों से लगान वसूल से आता है। यह जमीन जोतने वाले रैयत के माथे का पसीना है। अमीर तबका और श्रेष्ठीजन सरकारी राजस्व में बहुत कम या कुछ भी भागीदारी नहीं निभाते। एक जानकार अंग्रेज लेखक ने लिखा है—

"हमारी आय अतिरिक्त लाभ से नहीं आती, यह पूँजी से आती है, यह विलास की सामग्री से नहीं आती बल्कि यह (दैनन्दिन) आवश्यकताओं से आती है। यह पाप और आँसू का उत्पाद है।"

यह भावना न्यायपूर्ण और उचित नहीं है कि इस प्रकार से आये राजस्व का

बड़ा हिस्सा उदारता से उच्च वर्ग की शिक्षा पर राज्य को खर्च करना चाहिए क्योंकि यही वर्ग लाभ उठा सकता है। उच्च वर्ग की शिक्षा पर खर्च के पीछे यह तर्क है कि इससे पढ़े-लिखे लोग तैयार होंगे ''जो कालान्तर में शिक्षा को बिना शुल्क फैलायेंगे।'' वे कहते हैं कि ''यदि हम श्रेष्ठीजनों में विद्वत्ता की महत्ता को प्रतिपादित कर पायें तो इससे वैयक्तिक स्तर पर नैतिकता के मानदण्ड ऊँचे उठेंगे, ब्रिटिश राज के लिए निष्ठा बढ़ेगी और अपने सहवासियों के बीच शिक्षा और विद्वत्ता के महत्त्व का विचार फैलाने में सुविधा होगी।''

शासन के उद्देश्य के सम्बन्ध में यह लेखक कहता है—

''हमने इससे ज्यादा आदर्शवादी और उपकारी विचारधारा नहीं सुनी। यह उनके द्वारा प्रस्तावित है जिन्होंने मात्र सार्वजनिक ज्ञान के विस्तार के कारण पश्चिमी जगत में हुए आश्चर्यजनक बदलाव को देखा है। उच्च वर्ग को उच्च शिक्षा देने से भारत के 20 करोड़ लोगों की दुर्दशा को सुधारा जा सकता है। xxx ''हम भारतीय विश्वविद्यालयों के अपने सहयोगियों से कहते हैं कि वे अपने अनुभव से कोई एक उदाहरण भी प्रस्तुत करें, अपने तर्क के पक्ष में। उन्होंने अमीरों के बच्चों को शिक्षित बनाया है, और अपने शिष्यों को वैभवशाली बनने में मदद की है। परन्तु आम आदमी की जिन्दगी में पुनर्जीवन लाने के लिए इन्होंने (अध्यापकों ने) क्या किया है? बहुसंख्य जनता की उन्नति के लिए इन्होंने क्या शुरुआत की है? अपनी कम पढ़ी-लिखी जनता या कम भाग्यशाली लोगों के लिए क्या इन्होंने अपने घरों या अन्य स्थानों पर किसी कक्षा का संचालन किया है? क्या इन्होंने अपने ज्ञान को अपनी निजी पूँजी समझकर अपने तक ही सीमित कर लिया है? क्या यह ज्ञान नासमझ, अनपढ़ लोगों के स्पर्श से दूषित हो जायेगा? जन कल्याण के लिए अपनी उदारता और देशभक्ति दिखलाने के लिए क्या इन्होंने कोई इच्छा जाहिर की है? यह कैसे प्रमाणित होता है कि उच्च वर्ग को शिक्षा देने से समाज में नैतिकता बढ़ेगी या लोगों का बौद्धिक विकास होगा? यदि यह तर्क मान्य होता तो रईसी के लिए एक अच्छा तर्क होता। राष्ट्रव्यापी खुशी दर्शाने के लिए यह आवश्यक है कि हम शैक्षिणक उपाधियों और महाविद्यालयों में अध्ययनरत विद्यार्थियों की सूची बनायें। प्रत्येक झगड़ालू व्यक्ति राष्ट्र की भलाई करने वाला माना जायेगा और वर्तमान में (विश्वविद्यालयों में) संकाय अधिष्ठाता और प्रॉक्टर की जो व्यवस्था है उसे संविधान के हित में खेल के नियमों जैसे और सीमित मताधिकार के अनुसार, सम्मिलित किया जायेगा।''

शासन द्वारा केवल उच्च वर्ग को शिक्षित करने का एक परिणाम यह रहा है कि सरकार के अन्तर्गत लगभग सभी उच्च पदों पर केवल ब्राह्मण बैठे हैं। यदि श्रमजीवी किसान के कल्याण का कोई ध्यान सरकार को है तो यह सरकार की जिम्मेदारी है कि वह अनगिनत कुकर्मों को रोके और इन पदों पर रहने का जो

एकाधिकार ब्राह्मणों ने प्राप्त कर लिया है उसे कम करे और धीरे-धीरे थोड़े बहुत सार्वजनिक पद दूसरी जाति के लोगों को भी दे। शिक्षा व्यवस्था की वर्तमान अवस्था में ऐसा सम्भव न होगा, ऐसा कुछ लोगों का सोचना हो सकता है। इस सम्बन्ध में हमारा कहना है कि यदि सरकार 'उच्च शिक्षा' को भूलकर आममन की शिक्षा पर सोचे तो अन्य उन लोगों के प्रशिक्षण में दिक्कत नहीं होगी जो योग्य हैं और शायद आचार-व्यवहार और नैतिकता में कहीं अधिक बेहतर हैं। ब्राह्मण तो अपनी शिक्षा के बारे में स्वयं सोच लेंगे।

इस पुस्तक को लिखने का मेरा उद्देश्य मात्र यह बतलाना नहीं है कि ब्राह्मणों ने किस प्रकार शूद्रों का शोषण किया, अपितु सरकार की आँखें खोलने का भी है कि अभी तक लगातार उच्च वर्ग को शिक्षा देने की जो नीति चली आ रही है वह शासन के लिए बहुत ज्यादा शरारत भरी और विनाशकारी है। अनेक राजनीतिज्ञ और बंगाल के वर्तमान लेफ्टिनेट गवर्नर सर जार्ज कैम्पबैल भी ऐसा ही मानते हैं। मुझे विश्वास करना चाहिए कि सरकार बहुत शीघ्र ही अपनी गलत नीतियों को पहचानेगी और उन लेखकों पर कम विश्वास करेगी जो श्रेष्ठजनों के चश्मे से देखते हैं और ब्राह्मणों द्वारा साँप की कुण्डली जैसे दासता के बन्धन में शूद्रों को बाँधने की प्रथा से मुक्ति दिलायेंगे। उन पढ़े-लिखे शूद्र भाइयों की भी जिम्मेदारी है कि वे अपने अन्य भाइयों को ब्राह्मणों की दासता और मानसिक गुलामी से मुक्ति दिलायें और सरकार के सामने अपने भाइयों का सही चित्र प्रस्तुत करें। प्रत्येक गाँव में शूद्रों के लिए स्कूल हों, परन्तु उनमें ब्राह्मण अध्यापक न हों। शूद्र इस देश के स्नायु और जीवन हैं और शासन ब्राह्मणों को नहीं, मात्र इन्हें देखे ताकि वे अपनी परेशानी से निजात पा सकें—आर्थिक और राजनैतिक सभी प्रकार की। यदि शूद्रों को दिलोदिमाग से खुश रखा जायेगा और वे सन्तुष्ट रहेंगे तो ब्रिटिश सरकार को भविष्य में उनकी निष्ठा पर कोई शंका नहीं करनी चाहिए।

—ज्योतिराव फुले

(ज्योतिराव फुले द्वारा लिखित 'PREFACE' का हिन्दी अनुवाद।)